U0867746

家庭教育

JIATING JIAOYU

六年级

总主编——朱永新
本书主编——李福灼 童喜喜

漓江出版社
·桂林·

图书在版编目（CIP）数据

家庭教育．六年级 / 朱永新总主编；李福灼，童喜喜主编．-- 桂林：漓江出版社，2023.8
ISBN 978-7-5407-9119-3

Ⅰ．①家… Ⅱ．①朱… ②李… ③童… Ⅲ．①小学生—家庭教育 Ⅳ．① G782

中国版本图书馆 CIP 数据核字（2021）第 138836 号

家庭教育　六年级
JIATING JIAOYU LIUNIANJI

总 主 编　朱永新
本书主编　李福灼　童喜喜

出 版 人　刘迪才
选题统筹　李　弘
责任编辑　覃乃川
装帧设计　黄　洁
责任监印　杨　东

出版发行　漓江出版社有限公司
社　　址　广西桂林市南环路22号
邮　　编　541002
发行电话　0771-5825315
邮购热线　0771-5825315
网　　址　www.lijiangbooks.com
微信公众号　lijiangpress

印　　制　广西民族印刷包装集团有限公司
开　　本　787 mm × 1092 mm　1/16
印　　张　12.75
字　　数　198千字
版　　次　2023年8月第1版
印　　次　2023年8月第1次印刷
书　　号　ISBN 978-7-5407-9119-3
定　　价　32.00元

丛书编委会

总主编　朱永新　国家全民阅读形象代言人。全球最大教育奖项“一丹教育发展奖”得主，国际“爱阅人物奖”得主，“中国阅读三十人论坛”成员，新教育实验发起人，新阅读研究所创办人。出版《未来学校》《致教师》等专著数十部，作品版权输出美国、法国、德国、日本等，被译为31种语言。被评为“中国十大教育英才”、中国教育60年60人、“为了公共利益”年度人物、“2020年度全国政协委员优秀履职奖”等。

执行主编、小学学段主编　童喜喜　儿童文学作家，教育学者，说写课程创始人。中国十大作家奥运火炬手，全国推动读书十大人物，教育部“全民阅读标准建设工程”咨询专家，美国哈佛中国教育论坛第一位儿童文学作家，“中国阅读三十人论坛”成员兼秘书长。作品输出海外，被译为3种语言。

学前、幼儿学段主编　文萍　广西幼儿师范高等专科学校校长，广西教育学会副会长，教育部职业院校教学指导委员会中小学教育专门委员会副主任委员。

学前、幼儿学段主编　杨咏梅　中国教育报家庭教育周刊原主编，第二届中国家庭教育“十佳”公益人物，中国家庭教育学会宣传教育专业委员会副理事长，中国教育学会家庭教育专业委员会常务理事。

小学学段主编　李福灼　南宁师范大学教师教育学院院长。教育部国培计划专家库专家，教育部中小学校长国家级培训专家库专家，教育部—联合国儿童基金会“社会情感学习（SEL）”项目国家级专家。

初中学段主编　石鹏　广西南宁市第十四中学校长，“全国家庭教育创新实践基地”学校带头人，曾获“全国模范教师”“全国优秀教师”“特级教师”“广西基础教育名校长”等荣誉称号。

初中学段主编　殷飞　南京师范大学心理学院副教授，南京师范大学家庭教育研究院副院长，江苏省家庭教育研究会副会长，中国家庭教育学会常务理事。

高中学段主编　王文蓉　南宁师范大学教师教育学院副院长，硕士生导师。教育部全国中小学幼儿园教师培训专家工作组专家，教育部国培计划专家库专家，教育部校长国培计划专家库专家，教育部—联合国儿童基金会“社会情感学习（SEL）”项目国家级专家。广西家庭教育研究会副会长，广西教育学会家庭教育专委会理事长。

高中学段主编　翟博　中国教育报刊社原党委书记、社长。在理论研究、教育研究、新闻和文学写作等多方面取得丰硕成果。

本书编委会

总 主 编： 朱永新

本书主编： 李福灼　童喜喜

副 主 编： 邓立玲

本书作者： 邓立玲　陆　欣　蒙燕玲

李晓琳　任毓萍　黎玉兰

总 序

家庭是教育的起点

朱永新

我们培育的孩子，是中国美好的明天，是我们共同的未来。每个大人都希望孩子有出息，希望今天的孩子是明天的人才。

但是，无论父母还是老师，我们很多大人在面对孩子的许多问题时，经常力不从心，不知所措。遇到困难的大人们，无论是渴望家庭教育方法的父母长辈，还是希望引导父母做好家庭教育的一线教师，不仅需要倾诉和聆听，更需要得到指导和帮助。这一套为家长量身打造的“家庭教育”丛书，正是为此应运而生。

为了让这套“家庭教育”丛书能够得到更好运用，在编写过程中，我们对各个环节进行了精心的设计。

我们针对0～3岁、幼儿园、小学、初中、高中五个阶段，分别邀请专家学者进行主编:《中国教育报·家庭教育周刊》主编杨咏梅和广西幼儿师范高等专科学校校长、教育学博士文萍主编0～3岁阶段和幼儿园阶段的内容，新教育萤火虫亲子共读公益项目创始人、原新家庭教育研究院理事长、著名儿童文学作家童喜喜和南宁师范大学教师教育学院院长、教授李福灼主编小学阶段的内容，南京师范大学教授、新家庭教育研究院副院长殷飞和南宁市第十四中学校长、正高级教师石鹏主编初中阶段的内容，中国教育学会家庭教育专业委员会常务副理事长、中国教育报刊社原党委书记兼社长翟博和南宁师范大学教师教育学院副院长、广西家庭教育研究会副会长王文蓉主编高中阶段的内容。

这五个阶段的主编，都是活跃在一线的优秀专家，在学术研究上各有造诣，都是家庭教育工作的资深学者，常年奔走在全国各地，对家庭教育的一线情况如数家珍，不仅有着广泛的影响力，更对不同地区的家庭教育特点有着全面把握，让这套丛书的内容能够更好地覆盖不同群体。

我们反复研讨，提出了诸多具体细致的编写要求。比如写作中，围绕相同问题，需要归纳不同背景、不同环境下容易出现的不同类型的状况或做法，分门别类地进行指导，从而让读者在阅读中更容易发现自己的问题和不足，选择方法时更有针对性等。

我们组建了由在中小学、幼儿园工作的优秀教师和全国各地的“新教育种子计划”公益项目的榜样教师组成的作者团队。这些作者本身就活跃在家庭教育的一线，他们每个人都在为丛书添砖加瓦，使得这套丛书更接地气，进一步提高其实用性。

我们以“过一种幸福完整的教育生活”作为宗旨，在内容中贯彻诸多家庭教育的根本理念，如“教育，从家庭开始”“幸福比成功更重要，成人比成才更重要”“阅读和家庭，是教育的两大基石”“母亲是女人最神圣的天职”“父亲是男人最重要的工作”“与孩子一起成长”“教育需要智慧爱”等。

我们反复推敲丛书的体例，形成了一个严密而高效的结构——

导语，对单元目标进行提纲挈领的把握。

案例分析，以当下事件为切入点，提炼重大问题，有的放矢。

了解孩子，明确不同年龄段孩子的主要特点，增进多方了解。

实施指南，以简明扼要的语言提供具体方法。

延伸拓展，围绕相关主题，推荐更多图书、影视或亲子活动，便于按图索骥，亲子共读、共赏、共乐。

评估改进，以现实生活中易犯的错误，结合章节的主题，编写测试题，供读者自测、自评，拟订行动计划。

鲜活的案例、务实的分析、高效的方法、贴心的测评，我们相信，这套丛书能够成为家庭教育的高参，成为家校共育的锦囊。

其实，在收到主编这套“家庭教育”丛书的邀请之时，我犹豫了很久。一是因为本职工作已经非常忙碌，主编一套丛书需要不少时间；二是因为早在几年前，我已经组织编写过一套同类题材的图书。最终，考虑到漓江出版社当时是应教育部门的委托前来邀请，考虑到有了此前的经验能够弥补一些不足，可以进一步提高家庭教育的有效性，我还是答应下来。

我知道，理念转化为图书容易，方法转化为行动艰难，所以我们从不同层面，推动着行动。

我把主编这套丛书的稿费100%捐赠给江苏昌明教育基金会，用于开展更多家庭教育研究和实践。

这套丛书的主编团队、作者团队，不仅会完成这套丛书的编写，还会在更多家庭教育的活动中，身体力行地帮助家长、教师、社会工作者运用这些知识。

在漓江出版社的支持下，由“家庭教育”丛书的编写委员会执行主编、小学阶段主编童喜喜以中国儿童文化艺术基金会“新孩子”专项基金和新教育新阅读研究所统筹组建的公益团队，已经在为城市、乡村等不同处境的父母群体细化研发更有针对性的课程，密切关注留守儿童成长问题、隔代教育问题等，并借助网络的便利，以公益的方式，将以“新父母双师网校”为载体，以“新教育种子计划”“新教育萤火虫亲子共读”等公益项目，为父母、老师提供更多跟进指导。

这套丛书的内容得到了许多学校的认可。如今越来越多的学校教育工作者发现：家庭教育做好了，学校教育的地基就坚实了。所以，我们也和漓江出版社多次沟通，根据学校的特点和要求进行相应调整，专门推出了适合学校工作的版本，便于学校组织开展家庭教育工作。

陶行知先生说过：“生活即教育。”家庭教育正应该成为这样的生活。教育应以万千家庭的生机盎然，组成新时代的蓬勃原野。

感谢漓江出版社的信任，感谢参与编写和创作的全体专家、老师认真勤奋、卓有成效的工作。错漏之处，敬请读者们多多指正。

家庭是教育的起点。起点稳了，方向对了，基础就牢了，孩子就好了，家庭就和谐了，教育就完整了，人生就幸福了。让我们一起努力，用好教育建设我们的好家庭！

2022年8月13日写于高铁途中

开 篇 语

特长养成，树立理想

抚养孩子长大成人如同一场漫长的旅行，途中风光无限，却也困难重重。在这重重障碍中，青春心理叛逆期可谓是路途中的危峰。进入六年级，孩子出现的“不听话”“学习没劲”“做事不积极”“沉迷手机游戏”“难沟通”“油盐不进”等症状让父母们头疼不已。

随着孩子进入六年级，父母会发现孩子越来越难管，于是都很担心自己的教育方式不当，造成“两败俱伤”。此时，父母多么想念以前那个天真可爱的小孩。是啊，孩子依偎在父母怀里，眨着稚气的眼睛，问着“十万个为什么”的温馨场景，仿佛就在昨天。但又不得不感叹时光飞逝，不经意间，孩子即将踏入中学校门。他们对生活充满了好奇，渴望挣脱父母、老师的束缚。

孩子的成长是一趟单行列车，一旦错过陪伴孩子成长的最佳时段，过后就很难弥补缺憾。小学毕业是学生成长道路上一个特殊的里程碑，作为六年级的家长，该如何在这个关键时刻正确引导和陪伴孩子？

本书主要围绕“特长养成，树立理想”这一核心主题，从“家风建设”“习惯养成”“幸福学习”“友善关系”“健康成长”“家校共育”六个维度，用生动的案例和具体的策略，指导家长如何把眼光放远，如何正确地陪伴孩子站在整个人生的坐标轴上从容迎接未来的挑战。只有这样，家长才能真正让远大的理想成为孩子学习的原动力，有效地助力孩子的成长与发展，让孩子能在家长的引导下认清“我是谁—我将成为什么人—我如何做才能成为这样的人”。

良好的家庭教育是孩子健康成长的摇篮，更是学校教育的基础和保障。因此，在教育孩子的过程中，家长不仅要给予孩子足够的爱和陪伴，而且要“懂”孩子的成长规律，让孩子拥有更美好的未来。愿每一位家长在教育的路上，能不断学习，积极改变，做智慧型父母，遇见更好的自己。

目　录

六年级上册

六年级下册

当孩子进入第二次“心理断乳期”，独立意识增强，情绪不稳定，父母该如何应对？本专题从爱出发，教会孩子正确面对青春期情感萌动以及与异性的正常交往；教会孩子自我克制和自我保护。在这里，你将找到帮助孩子打开友善关系的金钥匙，成为智慧型父母。

对于处在青春期初期的孩子，正确地认识和了解自身的生理、心理特点，是他们健康成长的前提。本专题从发展运动特长、树立自信心、培养坚毅品质、悦纳不良情绪、性启蒙教育等方面提供了丰富的教育策略，助力孩子养成健康体魄，培养积极心态，拥抱美好青春。

面对处在“小初衔接”的孩子，教育效果的好坏往往取决于学校教育和家庭教育是否一致。本专题主要探讨在家校协同育人的过程中，家长如何更好地帮助孩子抵制形形色色的诱惑，克服与日俱增的学习压力，不断提升总结孩子成长规律的能力，做好学业规划管理，迈向崭新的初中生活。

六年级上册

第一专题 和美家风 励志启智

一个孩子拥有自己的兴趣爱好，并为之努力坚持，这对他们性格的塑造、意志品质的培养以及未来的发展都有一定积极影响。随着社会不断发展，很多家长越来越重视培养孩子的兴趣爱好，有的家长还会引导孩子对未来进行规划，帮助孩子从小树立理想信念，为他们的成长助力前行。进入六年级，孩子已经初步形成自己的兴趣爱好，但是生理和心理都在发生着变化，这使得孩子的自我意识、自我评价和自我教育能力并不稳定。在这一时期，孩子的兴趣爱好也会随着年龄的增长而发生改变，并呈现广泛而多元的特点。

在充满“变化”的成长阶段，孩子需要一些“不变”的力量支持。这“不变”的力量来自家庭，尤其是家长。在特长养成、树立理想方面，孩子需要父母的言传身教，需要父母营造积极向上、健康美好的生活氛围。因此，作为家长，我们要主动让家庭生活充满情趣，并在孩子遇到困难与挫折时，有意识地培养他们的坚强意志。只有这样，孩子才会变得更加热爱生活、敢于直面挑战。

在本专题中，我们将和大家一起关注家庭健康情趣氛围的营造，以此推动孩子兴趣的培养和特长的发展，同时思考在物质并不匮乏的时代如何培养孩子的吃苦精神，从而增强孩子追求理想信念的信心与动力。

健康情趣

——做好榜样，培植特长

案例分析

有这么一个普通的家庭：男主人张志坚在厂里上班，女主人杨艳环主要操持家务、照料家人，夫妻和睦、婆媳融洽。杨艳环痴迷于读书和文学创作，不论干活儿多忙多累，都一直保持看书读报的习惯。闲暇时，杨艳环会把家长里短随手记录下来，念给公公婆婆听。时间久了，两位老人也爱上了看书读报。在这个朴素的农家小院，人们经常会看到这样的场景：杨艳环在灯下醉心于创作，婆婆坐在炕上翻看字典一笔一画写下生字，丈夫和公公则在一旁翻看报纸低声交流。在这种氛围下，他们的儿子路航更是成了一个小书迷，他的房间里整齐地摆放着几百本读过的书。在家里，路航做家务的身影随处可见。在学校，路航不仅学习刻苦、关心同学，还积极组织参加学校的各项活动，多次被评为“优秀班干部”“优秀团员”。

一家人一起读书的场景给杨艳环带来了创作灵感。她根据一家三代共读情景写成的《我家的读书趣事》，获得农民读书征文活动一等奖。2020年，她写的多篇乡村抗疫作品，在各级主流媒体刊发，得到广泛赞誉。同年，杨艳环家庭荣获省级“最美家庭”称号。这些都激励着路航不断努力学习，快乐成长。

路航之所以会成为小书迷，并且成长为一个勤奋上进、正直善良、开朗乐观的好学生，和受到家庭氛围与家长榜样的双重影响有很大的关系。

1. 祥和、融洽的家庭氛围给孩子创造了良好的成长环境。

良好的家风既需要我们保持家庭和睦，也要懂得孝敬长辈，让中华民族的传统美德渗透到家庭生活的方方面面，为孩子的成长创造良好的条件。在案例中，杨艳环拥有质朴的孝心，承担赡老抚幼的重任。读书看报的好习惯更为教育孩子营造了良好的氛围。杨艳环一家人少了几分争吵，多了几分和睦。在这样祥和、融洽的环境中，他们逐渐形成了健康的家庭情趣，并帮助孩子养成了爱上阅读的好习惯。

2. 家长对生活的追求与热爱让孩子对未来充满信心和希望。

随着年龄不断增长，六年级的孩子既会憧憬着未来，也会对未来感到迷茫与困惑。这时候，家长的生活态度与育儿方式都会对孩子产生重要的影响，是孩子成长的重要导向和参考。在案例中，杨艳环的一言一行展现了家庭教育之门道、家风建设之根本。她用笔记录家长里短，在灯下醉心于创作，主动创作文学作品参加比赛，这给孩子树立了良好的榜样。这种积极向上的生活态度更让孩子学会保持乐观、从容的状态。在有限的条件下，阅读成了一家三代有效交流、沟通的桥梁。在家人的影响下，在爱的包围中，路航也因此爱上了看书，帮助家人做力所能及的事情，积极地参与学校的各项活动，成为父母心中贴心懂事的孩子、大家眼里优秀的好学生。

3. 家长的榜样作用给孩子的成长带来了积极的影响。

在家庭中，孩子的快乐成长与健康向上、富有情趣的家庭氛围密不可分，尤其是家长给孩子树立的正向榜样，更是起到了积极作用。在案例中，路航的成长受到了母亲杨艳环的正面影响。作为千千万万普通父母中的一员，杨艳环并没有轰轰烈烈的事迹，但她用自己对生活的细致观察和真实感受，书写了良好家风的要旨，更成了孩子学习的榜样。

教育孩子不只是某一位家长的责任和义务，更需一家人的共同努力。在家庭教育过程中，我们可以从杨艳环的家庭中得到启发，主动转变观念，做好言传身教，爱自己、爱家人、爱家庭，用实际行动给孩子带来积极的影响，让孩子不断发现自我，给予孩子前进的动力。

了解孩子

每一个孩子都有自己的喜好与长处。进入六年级，孩子已经拥有了较多的兴趣爱好，但还不能更好地发挥其对自己发展的作用。因此，作为家长，我们应该时刻保持敏锐的观察力和洞察力，对孩子的行为进行有针对性的引导，帮助孩子把兴趣发展成特长。这对孩子自信心的形成、自我价值的认可以及未来的人生发展都有很大的作用。在关注孩子的兴趣爱好时，父母需要明确孩子在这个阶段的成长特点。这主要体现在以下几个方面。

一、初步发现自身的长处，明确自身的喜好。

在不同的年龄阶段，孩子的兴趣会有不同的特点和表现形式。在幼儿时期，孩子的好奇心通常比较重，并会对很多事情都充满兴趣，但这种兴趣是浅显的、短暂的；到了小学阶段，孩子的兴趣开始有所定型。此时，家长可以主动将孩子的兴趣同所学的知识相结合，有利于引导孩子将兴趣变成一种爱好，甚至一种技能。

进入六年级，孩子已经初步具备独立意识和自我意识，能发现自己的长处，明确自己的喜好。因此，除了尊重孩子的选择，家长还可以带动孩子以兴趣特长为导向，积极参加一些健康、有意义的业余活动。而对于那些从学龄前就开始培养兴趣爱好的孩子，六年级的他们在某个方面的能力已达到一定的水平，甚至形成了特长。此时，家长可以主动为孩子提供更广阔的平台，以便孩子展示和提升自身的特长或技能，让孩子获得更多的肯定与赞美，促进孩子更努力地奋发向上。

二、兴趣爱好比较容易受到从众心理的影响。

这个阶段的孩子容易受同学、好友的影响，希望和同学、好友做同样的事情，以便发展同样的兴趣爱好，从而维持固定的朋友圈。这时孩子可能会在同伴的影响下想要改变原有的兴趣爱好。

杨洋从小学习拉丁舞，他的悟性高、模仿力强，经常在舞蹈比赛中获奖。因为长期学习拉丁舞，杨洋举止间比较轻盈优雅，同学们为此总会议论纷纷说他不够阳刚。听到这些声音后，杨洋就对父母说不想再跳拉丁舞，要跟好朋友一起学电脑编程、玩网络游戏。可父母并不同意他的想法，这使得杨洋内心很纠结。为了更好地帮助孩子，杨洋的父母主动向班主任和舞蹈老师求助，并成功帮助杨洋打开了心结。之后，杨洋继续他的拉丁舞追梦之旅，也结交了许多志同道合的朋友。

对六年级的孩子来说，他们容易受到外界因素的影响，更在意同伴对自己的看法。这时候，孩子往往会希望改变自己以迎合同伴。面对孩子的这种想法，家长可以向杨洋的父母学习，主动寻求外界的援助，通过第三方的力量，帮助孩子正确认识自我，正视他人对自己的评价，从而建立属于自己的人际交流圈。

三、兴趣爱好容易受多元文化和猎奇心理影响。

进入六年级，随着自我意识的不断增强，孩子通常会对一些充满新奇的事物和元素比较感兴趣。比如，有的孩子喜欢动漫，热衷于模仿虚拟世界的角色装扮，对一些造型比较奇特的服装产生偏好，希望以此吸引他人的眼球，获得更多关注。有的孩子还会喜欢在网络游戏中与同伴展开竞争。

然而，在实际生活中，孩子这些新奇的爱好或行为往往不能得到大众的接受和认可。一些人还会主观地认为这样的模仿不够健康向上，并把这样的角色服饰看作奇装异服，并进行批判。而面对网络游戏，家长往往会因为担心孩子沉迷于其中而无心学习，就一刀切地阻止孩子接触任何形式的网络游戏。其实，家长应该理性看待孩子对网络游戏的看法，并与孩子达成某种约定，引导孩子有限制地进行玩耍，让孩子在与同伴的共同活动中更好地发现和提升自我。

四、青春期身心变化也会对兴趣爱好产生影响。

六年级的孩子大多数还不能十分正确、从容地面对自身的变化，容易产生不自信，甚至是自卑的心理。这时候，很多孩子往往会想办法掩饰自己的变化，把自己“包裹”起来，从而影响兴趣爱好的发展。比如，有的男孩在变声后，就会觉得自己的声音不好听了，从而不想再继续学习声乐。有的女孩出现月经后，身体会极度不适，而变得不愿意参加体育锻炼。对那些把体育项目当作特长进行发展的女孩来说，此时她们会面临更大的困扰，甚至出现放弃特长培养的念头。

这时候，家长应主动观察孩子的身心变化，以同理心与孩子进行沟通、交流，帮助孩子正视和接受自己的变化，并学会坚持，让孩子的兴趣爱好更快地发展成特长。

处在由儿童期向青春期过渡的阶段，六年级孩子的兴趣爱好往往会呈现多变不太稳定的特点。此时，家长需要主动走进孩子的内心，用心倾听他们心里的想法。

1. 我不想学，是你们逼着我学的。

我五岁就开始学钢琴。你们总对我说，弹钢琴能让手脑协调，让人变聪明，还能陶冶情操。可是你们知道吗，我其实并不喜欢弹钢琴。每天被迫练琴，我心里很烦躁。我真的不想继续弹了。我希望你们能尊重一下我的想法与选择。

2. 玩游戏和学习其实并不冲突。

我的同桌学习成绩很好，同时也是一名网络游戏高手。但因为我没有接触过网络游戏，所以我们之间的话题变得很少。你们总说游戏会影响我的学习，可我想说玩游戏和学习并不冲突，毕竟玩游戏也是生活的一部分。

3. 这有什么不好吗？我就喜欢。

角色扮演有什么不好的？你们总是在不了解的情况下进行绝对的评判与否定。其实，在角色扮演的过程中，我和小伙伴们一起学习服装搭配的知识，并学会了缝补衣物。我以后就想成为一名服装设计师，这是我的目标，希望你们支持我。

很显然，六年级的孩子在兴趣爱好方面容易受到许多因素的影响。作为家长，我们应该主动站在孩子的角度看待问题，深入地理解孩子的选择和做法，并且努力创造一切可能的条件巩固和强化孩子原有的兴趣爱好，并对他们萌生的新的兴趣爱好加以引导，帮助他们形成积极向上的健康情趣。

实施指南

每个孩子都有自己的天赋与特长，而父母的责任之一就是发现并强化孩子的长项，让孩子更加自信、快乐、有成就感。其实，孩子自身的潜力是巨大的，只是我们常常没有找到激发这种潜能的钥匙。

教育家苏霍姆林斯基说过："世界上没有才能的人是没有的。问题在于教育者要去发现每一个学生的禀赋、兴趣、爱好和特长，为他们的表现和发展提供充分的条件和正确的引导。"人生的早期是可塑性最强的时期。家庭的熏陶、家庭成员的审美情趣和家庭文化环境对孩子的成长有着十分重要的影响。在实际生活中，家长可以尝试从以下几个方面培养孩子的兴趣爱好，发展孩子的特长。

◆ 策略一：主动发挥言传身教的作用，为孩子树立良好的榜样。

>>> 1. 态度影响。

对于孩子兴趣爱好或特长的培养，家长不需要具备高学历，也不需要精通所谓“高大上”的技能。作为家长，我们要善于保持对生活的热爱，并坚持将这样的热爱融入家庭生活的点滴中，让孩子感受到父母积极乐观的生活态度，从而对自己的学习、生活充满信心和希望，同时学会像父母一样做一些有意义的事情，并乐在其中。通过发挥态度的影响力，家长可以在有限的条件下培养孩子的兴趣爱好，逐步引导孩子将这样的兴趣爱好发展成特长。

>>> 2. 行动引领。

俗话说：“身教胜于言传。”父母的行动引领是孩子发现自己、形成特长的直接且有效的途径。比如，会下棋的父母可以在茶余饭后主动教授孩子下棋的规则和方法，教育孩子做到“落棋不悔，观棋不语”。在学习下棋初期，家长可以制造机会让孩子获胜，让孩子体验成功的喜悦。此外，父母还可以和孩子商量着一起学习一种本领，从零开始和孩子学，慢慢地看到彼此的进步，让孩子感受成长的快乐。当然，家长也可以带着孩子从最简单的运动开始，如跑步、打球等，给家庭生活增添更多的乐趣；或者把一些基本的生活技能教给孩子，使之成为孩子的一项特长，如整理衣物、做一道拿手好菜等。

因此，家长应该主动发挥行动引领的作用，并根据孩子的成长特点和兴趣爱好，有针对性地进行引导与培养，让孩子获得更多的成就感。

>>> 3. 多面示范。

在现实中，家长往往会简单地认为特长就是专指学会某一种艺术、体育类的技能。其实，特长可以泛指一个人在某一个方面具备的优势智能，并且得到不断发展，从而变成自身独有的亮点。比如，有的孩子能说会道，擅长与人沟通，这也是他的特长。家长可以根据孩子的这一特点，积极引导孩子训练演讲，锻炼口才。当然，如果父母具备一技之长，或者爱好广泛，孩子无形中会把父母视为偶像，并为此感到骄傲、自豪，从而愿意主动像爸爸、妈妈一样，在学习中享受发展兴趣爱好给自己带来的快乐。

◆ 策略二：注重家庭环境的布置和氛围的营造。

家庭的环境具有教育的功能和作用。整洁、舒适、优美的家庭环境，有利于培养孩子健康向上的生活情趣，有助于孩子兴趣爱好的培养和提升。

1. 营造良好的阅读环境。

在孩子学习成长的重要阶段，阅读是不可缺少的。为培养孩子的阅读兴趣，家长应该主动为孩子营造良好的阅读环境。比如，家长可以在家中安放一个书架，并摆放孩子喜欢的、适合他们阅读的书籍。如果条件允许的话，家长还可以腾出空间，为孩子打造一个属于他自己的阅读小天地，让孩子愿意在“小天地”里畅游书海。

2. 搭建兴趣角（墙）。

家长可以在家中设计一个兴趣角或一面兴趣墙，以展示孩子的成果，这对培养孩子的兴趣有极大的促进作用。比如，如果孩子喜欢作画或练字，家长可以把孩子的绘画、书法作品进行装裱，并在兴趣角（墙）进行展示。如果孩子喜欢做手工，家长也可以把孩子的手工作品摆放在家里的适当位置作为装饰。如果孩子喜欢种养，家长可以带领孩子在阳台或窗台种植花花草草，培养孩子的劳动意识，用绿色和鲜花装点家庭空间，达到陶冶情操的目的……

通过搭建兴趣角（墙），家长可以更直观地向孩子表达自己的肯定与赞赏，让孩子感受到父母对自己的重视，并体会成功的喜悦，从而更加投入其中，推动兴趣的发展和特长的形成。

3. 重视软环境的打造。

①相互鼓励。在培养兴趣爱好时，孩子既要专注，又要坚持，但也难免会出现气馁或“失败”。这时，家长要善于鼓励孩子，与孩子分析

原因，寻找对策，共渡难关，从而让孩子学会乐观对待生活，让生活充满欢声笑语。

②意志坚持。在孩子出现退缩、畏难情绪时，家长可以采取正确的方法与孩子进行耐心而有效的沟通、交流，晓之以理，动之以情，帮助孩子正确看待问题，并给予孩子一种成功的心理暗示，以此磨炼孩子的意志，让孩子明白“坚持就是胜利”的道理。

③控制情绪。在为家庭生活奔波劳碌时，家长难免会遇到各种不顺心的事情，但家长要主动控制自己的情绪，保持冷静、理智的状态。在孩子没有达到自己的心理预期时，家长要学会适时给予孩子安慰和鼓励，缓解孩子心中的压力与顾虑，激发他们的学习兴趣和信心，培养他们战胜困难的勇气，营造和谐温馨的成长环境，而不应该把怨气撒在孩子身上，让孩子不幸地成为家长的“出气筒”。

④敞开大门。家长可以让孩子尽可能地融入集体生活，学会与他人相处与交往，也可以积极带领孩子参加社会活动、主动接触大自然，开阔孩子的视野，陶冶孩子的情操，帮助孩子增长见识，让孩子主动发现自我的优势与长项。

4. 注重家庭仪式感。

生活中的仪式感是孩子幸福成长的妙方。作为家长，我们可以将仪式感带入生活，用庄重认真的态度面对生活中看似平常的事情，让孩子感受生活的乐趣。相关研究结果显示，维持良好亲子关系的秘诀就是这个家庭能够一代代有效地传承他们的家庭仪式感。家庭仪式感具有强有力的黏合作用，能够有效地把家庭成员凝聚在一起，让家庭成员体会到归属感、安全感和爱。

在实际生活中，家长可以将与孩子兴趣爱好相关的活动变成家庭的一件重要事情，甚至可以当作一种家庭仪式。比如，对于喜欢运动的孩子，家长可以和孩子共同制订一个月的运动计划，设计运动打卡记录表。一家人每天在固定的时间进行家庭运动，可以是早上的晨练，也可以是饭后放松的有氧运动，还可以是假期的时候一起开展一场体育比赛等。把生活中的仪式感当成家庭的一个传统，一家人在互相鼓励、互相监督中形成亲子间彼此融洽的关系，从而增进家长与孩子的情感，使这样的仪式感成为孩子不断成长中不可磨灭的记忆。

◆ 策略三：充分发挥文学与艺术的熏陶与陶冶作用。

1. 品读人物传记，获取前进动力。

阅读是丰富人生阅历的良好伴侣。很多文学书籍或影视作品描述了主人公为自己的人生目标不懈努力、勇敢追求理想的内容。在家庭教育过程中，家长可以充分利用文学书籍和影视作品，激发孩子内在驱动力，用正面的人物精神力量，引领孩子在发展自己的兴趣爱好时，学会勇往直前，不能退缩。对孩子影响最直接的文学作品莫过于名人传记。比如，《影响世界的他们：手绘名人故事——大艺术家》这本书的作者在书中说道：画家毕加索的特长可不仅仅是画画，他还是一个游泳高手、跑步健将。毕加索说："没错，我的生活丰富多彩，因为艺术源于生活嘛！我喜欢运动，还特别喜欢大自然，我总是在大自然中寻找喜欢的素材。"通过阅读，孩子会把这样的话语记入脑海中，并从中汲取成长的动力。此外，在孩子阅读文学作品后，家长还可以和孩子交流阅读感受，开展家庭阅读分享会，让孩子摘录深受启发的名人名言，并把它们张贴在书桌前，以此激励自己不断进步。

2. 观看励志影片，坚定人生选择。

周末或假期时，家长可以带孩子到电影院看一看电影，让孩子更直观地感受影视作品带来的激励和鼓舞。比如，在《夺冠》这部电影中，银幕上袁伟民教练嘶吼着："美国人不会对你手软！日本人不会对你手软！别哭！中国女排流血不流泪！"郎平教练说："放心地去打，放开地去打，豁出去打！"陈忠和教练说："球可以输，人不能输！"在他们的带领下，中国女排姑娘们经历高潮和低谷、怀疑和革新，并一次次登上冠军领奖台。通过观看这样的励志场景，孩子会在心中种下一颗为理想奋斗的种子，并学会不断地坚定人生的选择。

3. 在美育活动中不断激发潜能。

国内外教育专家的试验结果表明，家庭音乐教育对孩子的启智作用十分突出。很多家庭利用各种乐器开发青少年儿童的大脑潜能。另外，绘画也有利于发挥青少年儿童的想象力，培养孩子敏锐的感受力。通过学习绘画，孩子可以发展自己的想象力和创造力。

当然，家庭美育的作用并不局限在音乐和绘画方面，还可以开展其他有益的家庭活动。湖南师范大学教授肖弋在讲述家风建设时，提到了她父亲的做法：父亲经常在她们三姐妹完成功课后，把她们带到户外进行自然观察，鼓励她们调动感官体验，做到“细细看、轻轻摸、静静听、慢慢说”。此外，父亲还经常带她们去野外河滩寻“宝”，捡拾石头用于组合盆景造型，采摘野花、野草装饰花瓶，或者把野花、野草制成标本和书签，让自然美留驻在生活中。肖弋父亲的做法告诉我们，家长要做一个教育的有心人，有针对性地引导孩子主动感受生活的意义，从而在日常的交流中达到教育的目的。

◆ 策略四：为孩子创造充分展示兴趣爱好的机会。

当孩子对某一个方面表现出浓厚的兴趣时，家长要主动为孩子创造进一步学习和提升的机会。在孩子学习的过程中，家长可以为孩子搭建展示兴趣爱好的平台，让孩子秀出自己的阶段性学习成果，如参加班级活动的表演秀、举办家庭“春晚”、参加社会公益活动或比赛等。此外，家长还可以借助现代多媒体，把孩子的精彩表现、取得的进步录制成视频，发到“朋友圈”、亲友群。当然，在做这些事时，家长必须征得孩子的同意。

其实，每一个孩子都有表现的欲望，都希望得到他人的认可。当孩子秀出自己的专长时，他人的鼓励和赞扬犹如助推剂，为孩子进一步发展兴趣爱好助力，使孩子满心欢喜、信心倍增。

在培养和发展孩子的兴趣爱好时，家长需要充分尊重孩子的选择，并根据孩子在特定成长阶段的特点给予恰当的引导，让孩子明确什么兴趣爱好才是健康的、积极的、向上的，从外在影响和内在驱动两个方面共同作用，强化孩子的兴趣爱好，从而有效地帮助孩子将兴趣爱好转化成特长或理想。

理想信念

——初步规划人生，树立理想

案例分析

“父亲是我的榜样，他的外科手术做得很好，特别是在小儿麻痹矫形术领域有着自己独特的造诣。”吴静时至今日对二十世纪七八十年代的情景记忆犹新，“很多家长都来登门拜谢，感谢我父亲治好了他们的孩子，我家中挂满了锦旗，摆满了感谢信。”父亲的模范效应让吴静从小便立志学医。在父亲的影响下，吴静觉得医生特别伟大，所以当时的想法就是一定要学医。吴静常说：“有了目标和方向之后，就要脚踏实地去做，坚持做到‘咬定青山不放松’，认真做好每一件小事，才能对得起自己的理想。”

尽管吴静很忙，但是她从未松懈对家庭的责任，从未放松对孩子的教育。在父亲的影响下，吴静也会在家里的书架上摆放各种专业的医学书籍。有时，她还会带着女儿雅雅一起阅读最简单的人体绘本。如今，在临床医学专业读大三的女儿雅雅，经常和吴静交流医院的那些事儿，正朝着自己的梦想一步步努力迈进，希望自己将来也能成为一名优秀的医生。吴静总是对别人说：“令我欣慰的是，女儿不仅很理解我们，还紧跟长辈的脚步，后来也选择了学医。”

算上父母、公公和婆婆、丈夫、两个弟弟、女儿，吴静一家9口人全部学医、从医，不愧是“三代行医人，一生济世情”。这是一场跨越半个多世纪的坚守与接力。

三代从医，非有济世情怀不能为也。从父辈的叮嘱“战争年代从军救国，和平年代从医救人”，到父亲的榜样引领，再到和女儿交流工作的事情，这就是一个家庭对济世情怀的传承。当然，这更是家风家训的延续。那么，这份情怀为什么得以延续？

1. 家长对事业执着的态度影响着孩子的理想信念。

在家庭生活中，家长在某一专业领域的建树或造诣不仅会赢得孩子的敬重，而且会触动孩子的内心，促使孩子树立类似的理想信念。家长可能会有这样的疑惑：我并没有什么非常“高大上”的工作，孩子是不是就会变得没有出息了呢？其实，并非如此。不论家长做什么工作，家长对待工作的态度都是最重要的。

在上述案例中，吴静的父亲就是如此。作为一名外科医生，父亲在小儿麻痹矫形术领域的独特造诣，成为吴静学习的榜样。而吴静在父亲的影响下延续学医的良好家风，更让女儿雅雅感受到学医的成就感和获得感。因此，在母亲以及外公的榜样力量推动下，雅雅也毅然树立了学医、从医的理想，并为实现自己的人生抱负不断努力着。可见，家长对事业执着的态度会对孩子产生正面的影响。

2. 家庭环境和氛围也影响着孩子的理想信念。

在孩子的成长过程中，家长从事的职业、家庭的环境和氛围对孩子未来的职业规划、理想信念的形成都会产生一定的影响。在案例中，吴静一家9人学医、从医，是一个医生世家。他们的生活和医学紧密关联，家里的书柜上摆放的是父母喜欢阅读的医学类书籍，一家人坐在一起经常谈论的也是与医学相关的话题和内容。在这种环境的熏陶下，孩子自然会耳濡目染地对医学有更深刻的认识和了解，从而对这个专业产生亲切感，并在长大后主动从事相同或相关的职业，也认识到职业应具备的职业道德、理想信念。

当然，除了医生世家，我们在生活中还会看到军人世家、教师世家、体育世家……我们所熟知的钟南山院士也生于医生世家，他和儿子在医学上各有建树，而且妻女都是运动健将。钟南山认为每个家庭都有纽带、润滑剂，在他的家庭里充当这个角色的是体育运动。由此，我们可以看出家庭环境和氛围对孩子的理想信念有着重要的影响。

3. 家长有意识地引导孩子树立正确的理想信念。

作为家长，我们可以在孩子还小的时候，根据孩子的特点、特长、兴趣、爱好，有意识地进行生涯教育，带着孩子接触不同的社会职业分工和领域，引导他们思考“我未来想要做什么”“我现在可以为未来可能从事的职业做些什么”。这对孩子未来的人生发展会产生积极的影响，但大多数家长往往忽视了这一点。

在案例中，吴静长大后也像父亲一样成为一名医生。她时刻铭记“父母是孩子的第一任老师”的教育理念，而且在孩子成长的过程中，她主动扮演着重要的角色，履行了作为母亲的职责和义务，重视对孩子的教育，使得孩子能朝着阳光灿烂的方向奋力前行。此外，吴静坚持与孩子保持着良好的沟通与交流，主动引导孩子阅读，并用过来人、亲历者的身份向孩子讲述医院的故事，让孩子对这个职业有更深入、更直观的了解，为孩子以后走上工作岗位做好铺垫。

家长对孩子的影响是不言而喻的。对孩子来说，父母的一句话语、一个举动都是示范，并会在孩子幼小的心灵播下理想信念的种子，使孩子会不由自主地以父母为最好的榜样，从而确立属于自己的人生目标，成长为家长期待的模样，最终延续良好的家风。

了解孩子

理想信念是指人们对一种生活、一种理想、一种理论或一项事业深信不疑、执着追求，并为之勇往直前、努力奋斗的思想、精神和行动。它既指出人们对未来奋斗目标的明确定位，又强调人们对现实生活的信念支撑。

正如列夫·托尔斯泰所说：“理想是指路明灯，没有理想就没有坚定的方向，而没有方向就没有美好的生活。”因此，树立理想信念对孩子的成长与规划具有很重要的意义和作用。进入六年级，孩子对未来规划有了模糊的概念，但是还不清楚理想信念的具体内容和呈现方式。这主要体现在以下几个方面。

一、懂得为实现短期目标努力，但缺乏明确的长远奋斗目标。

六年级的孩子大多是12岁左右。这时，他们能根据自己的实际情况确定短期的目标，并为之而努力。比如，有的孩子希望当上班长，有的孩子希望这个学期每一科的考试成绩都能超过95分，有的孩子希望学会弹奏一首钢琴曲……这些都是短期的目标。为了实现这些目标，六年级的孩子基本上已经能够自主安排学习与生活，并有计划、有步骤地为实现目标而努力。

然而，即使在家长和老师的帮助指导下，部分孩子也没有达到这样的状态。这主要是孩子对未来“要做什么，为什么要做，怎样做”并没有很清楚的认识。换句话说就是孩子做事的内在驱动力不足，坚持理想信念的意识比较单薄。因此，孩子并不太明确现在所做的事情和未来人生存在的关联，这使得很多六年级的孩子依然缺乏长期规划的意识和能力，没能及时树立明确的长远奋斗目标，更不可能像少年周恩来一样立下“为中华之崛起而读书”这样的远大志向。

二、狭隘地认为树立理想信念就是具有明确的职业理想信念。

在孩子小的时候，很多家长会经常这样问孩子：“你长大以后想要做什么呀？”孩子总会天真地回答：“我要当一名科学家。”“我要成为一名舞蹈家。”……家长听着总觉得很欣慰，对孩子的未来充满了美好的憧憬。

在这样的教育指引下，六年级的孩子在谈到理想信念时，往往会简单地认为指的是职业理想。他们认为为实现自己向往的职业理想而努力的过程就是追求理想信念的过程，这使得很多孩子会主观地认为理想信念是以后的事情，现在没有必要考虑那么多。其实不然，理想信念并不只是职业理想信念，还会涉及道德理想信念、学业理想信念、社会理想信念等诸多方面。其中既有对多个方面的追求，也有现阶段的目标，还有对未来的规划。在现实中，由于认知有限，部分家长对孩子理想信念的培养也是欠缺的，使得孩子狭隘地认为树立理想信念就是对未来职业的追求，不利于孩子的全面发展。

三、理想信念的制定主体不是自己，缺乏追求理想的主动性。

在现实生活中，大多数的六年级孩子并不是理想信念制定的主体。很多时候，孩子的理想信念总会被父母或老师，甚至朋友所操控。也就是说，很多孩子当前树立的理想信念极有可能并不是自己心中的理想信念，而是被父母、老师或朋友植入或复制的，这使得有些孩子在坚持和实现理想信念的过程中缺少主动性。

建宁是一个农村孩子，生来身体强健，力气也很大。有一次，县体工大队的教练来到学校挑选举重的苗子。于是，老师把班上身体强壮的孩子都召集起来。经过挑选和考核，教练看上了建宁，认为他的条件好，适合练举重。从此以后，建宁就开始了体工大队的训练生活。尽管后来建宁也取得了一定的成绩，但当他遇到困难时，总会表现得比较消极，不能主动地迎接挑战和考验。

在上述案例中，作为一个农村孩子，建宁以前并没有想过自己要做举重运动员，也并不知道举重运动员是怎么训练的，更没有专门为成为举重运动员做什么准备。这完全是一个偶然的机会，却决定了他未来的人生道路，他必然会缺乏一定的主动性。在现实生活中，有的家长因为从小家庭条件的限制而没有能够实现自己的梦想，所以他们会把梦想强加在孩子身上，希望孩子长大后能帮他们弥补儿时的遗憾。于是，有的家长在没有征询孩子意见或未征得孩子同意的情况下，就自顾自地给孩子报了兴趣班，让孩子为完成父母的梦想而努力，使得孩子不会对现有的理想信念倾注更多的热情，甚至会产生排斥的消极心理，孩子自然就会缺乏追求理想信念的主动性。

四、理想信念的树立容易受到外在因素的影响。

1. 优越的生活条件带来的影响。

随着社会生活水平不断提高，孩子们在幸福美好的生活环境中成长，学习本领的能力也在不断提升。但我们也会发现因为有了优越的生活条件，有的孩子在家长的溺爱下过着“饭来张口，衣来伸手”的生活，缺少磨砺与锻炼，经不起外面的风吹雨打，找不到人生的奋斗目标。在实现理想信念的过程中，一遇到困难时，有的孩子容易变得无所适从，找不到前进的动力，导致他们的理想信念不稳定，也并不坚定。

2. 教育观念固化带来的影响。

由于受到固化的教育观念影响，有的孩子会抱着“两耳不闻窗外事，一心只读圣贤书”的陈旧思想，形成了“我的任务就是学习，只要学习好就行了，其他什么也不用关心、什么也不用做”的错误观念。因此，孩子接受理想信念教育的时间和机会变得尤为稀少，没有适时地激发更多方面的潜能，而是把更多的时间花在学习知识上，使得自身的精神品质没有得到很好的培养和发展，从而出现理想信念淡薄的情况。

3. 开放的网络环境带来的影响。

随着互联网技术不断更新，网络得到了广泛普及，孩子们有机会通过电脑、手机等设备在网络上获得更多信息，其中也不乏不良信息。在现实生活中，我们不时会看到一些关于孩子沉迷于网络游戏、大量花费父母钱财等方面的新闻。对六年级的孩子来说，他们的思想还不成熟，分辨是非善恶的能力不足，缺乏坚强的毅力，因此他们容易受到网络不良信息和游戏的影响，甚至会动摇自己追求理想信念的决心。

4. 家长的职业态度和处世态度带来的影响。

在成长的过程中，孩子总会看到家长的工作状态，有的悬壶济世，为患者消除病痛；有的身先垂范，把学生培养成才；有的专注于科研，为祖国发展贡献力量；有的努力工作，普通而不平凡……在孩子的眼里，家长就是他们心中的榜样。随着时间的推移，孩子会对父母所从事的工作有一定的认识和了解，他们的内心会逐渐萌生对这份工作的向往和憧憬。当和同伴说起自己的父母时，孩子通常会有一种自豪感。当谈及未来的志向时，他们也许会兴奋地说："我要像爸爸或妈妈一样当……"像钟南山、吴静的家庭都是医生世家，他们就是从小受到父母的影响，而选择和父母一样的职业。当然，虽然有的孩子最终没有选择父母所从事的职业，但是父母的敬业精神和为人处世的态度已经对孩子树立理想信念产生深远的影响。

俗话说："父母是孩子的一面镜子。"在家庭中，父母辛勤工作、认真负责的生活态度是孩子做事的重要导向；在实践中，孩子也会像父母一样拥有积极向上的心态，并努力把事情做好。反之，父母消极的处世态度则会给孩子带来负面影响。

进入六年级，尽管孩子对理想信念还没有确切的理解，但是他们依然对理想信念有着自己不可替代的看法。因此，在帮助孩子树立理想信念时，家长不妨主动听听孩子内心真实的想法。

> >> 1. 理想信念是以后的事，现在谈为时过早。

理想信念只不过是国旗下讲话或者在主题班会上老师才会讲的内容，我感觉跟我没有多大关系。我还是个孩子，做好当前的事就行了，未来还久远呢，没有必要想着以后做什么。

> >> 2. 不知道理想信念是什么，但会听家长和老师的话。

爸爸妈妈总是让我学这学那，说对将来有用。老师说现在要好好学，以后才会有出息。我觉得他们说得都挺有道理的，所以我就照着做吧。

3. 理想信念很重要，我要从小立下远大志向。

少年周恩来立下了“为中华之崛起而读书”的远大志向。他为实现心中的目标不断努力着，并成了新中国的第一任总理，为国家和人民鞠躬尽瘁。我也要像他一样，即使不能做惊天动地的大事，也要有自己的奋斗目标。

由于受到年龄和理解能力的限制，六年级的孩子对理想信念的认识还比较浅显。作为家长，我们需要根据孩子的实际情况，引导并帮助他们正确认识并树立明确的理想信念，为孩子扬起追逐梦想的风帆，让他们有足够的勇气和力量直面未来人生的挑战和考验，最终实现自己的人生理想，真切地体会成长的快乐。

实施指南

古语有云：“幼儿养性，童蒙养正，少年养志，成年养德。”作为家长，我们需要从小为孩子播下理想信念的种子。一旦孩子掌握了一定的方法，那么家长的教育就能达到事半功倍的效果。为此，我们可以尝试采取以下几种行动策略。

◆ 策略一：尊重信任法，发挥能动。

孩子是独立的个体，六年级的孩子逐渐有了自己的想法和主见，并开始出现叛逆的情绪和表现。为了帮助孩子树立理想信念，家长应以尊重为前提，充分地相信孩子，并用家人或家庭环境的影响在孩子的内心种下一颗理想信念的种子，充分激发孩子朝着美好愿景前进的潜在动力。

楠楠是一个六年级的女生。有一次，她跟着妈妈到偏远山区参加一个“送温暖”活动。在那里，她亲眼看到了山区孩子艰苦的生活条件和环境，心中萌生了同情之意。从山区回来后，楠楠对妈妈说：“妈妈，山里的孩子太困难了，我想发动班里的同学一起帮助他们。”听了楠楠的话，妈妈十分感动，同时也为孩子能够自发帮助他人而感到自豪。于是，在妈妈的帮助下，楠楠撰写了一份活动倡议书，发起义卖活动筹集善款，主动给山区的孩子写信……只要楠楠想到的、愿意做的，妈妈都尊重孩子，并发挥孩子的自主能动性，为孩子提供支持和帮助。对楠楠来说，这样的想法和举动势必会给她现阶段的学习、生活以及未来的人生规划带来积极的影响。

在孩子成长的过程中，家长积极地给予阳光的照耀、雨露的滋润，让孩子心里那颗理想信念的种子发芽、开花、结果。由此可见，家长在推动孩子实现理想信念上有着举足轻重的作用。

◆ 策略二：以身作则法，耳濡目染。

六年级的孩子还比较稚嫩，对自己和社会的认知还处在朦胧阶段。因此，孩子树立理想信念需要父母以身作则，用言行给予孩子正确的引导。在实际生活中，我们可以尝试这样做：①和孩子分享工作上的事情，主动告诉孩子在工作中遇到困难时的处理方式。②在合适的时候让孩子来到工作的场所，亲身体验工作的过程，让孩子深刻地感受父母的努力与付出。③除了工作上的感染和影响，家长也不要忽略生活的细节，应时刻坚持诚实守信的原则，热心地帮助需要帮助的人，如主动捡起地板上的纸屑等，让自己真正成为教育孩子的有力示范。

总之，父母对待事情积极向上、开朗乐观的态度，将如一缕阳光照耀孩子的心灵，让孩子在没有家长催促和提醒的情况下依然能自主朝着心中的美好而努力。当然，我们也可以把孩子的这种状态视为理想信念的最初表现。

◆ 策略三：榜样引领法，明确方向。

在发挥榜样引领的作用时，除了家长自身的言行示范，我们还可以给孩子确立一些“精神榜样”，如身边优秀的同学、社会知名人士，以及古今中外那些为了理想信念不断努力奋进的人物，让孩子在“精神榜样”的影响下成长为充满正能量的人。

涵涵是一个六年级的男孩，由于从小和外公一起生活，涵涵时常听外公讲起毛泽东指挥作战、带领中国人民翻身做主人的故事。从此，涵涵对毛泽东的生平事迹产生了浓厚的兴趣。涵涵会在课余时间到学校的图书馆借阅相关书籍，如《毛泽东传》等，还观看介绍毛泽东的纪录片。在伟人精神的引领下，涵涵也充满了斗志，并在班级中成为一名赢得老师和同学信任的班干部。

因此，作为家长，我们要充分发挥“精神榜样”的榜样引领作用，引导孩子主动从“精神榜样”的身上找到适合自己的定位和目标，从而更有效地促进理想信念的实现。

◆ 策略四：精神激励法，放大优点。

在孩子成长的过程中，家长可以通过肢体语言、眼神鼓励、语言肯定等方式，向孩子传递“你能行”“你最棒”的信息，让孩子在理想信念树立的初始阶段得到更多的尊重和信任，更加坚定自己的选择和努力的方向。

当然，家长还要善于发现孩子在学习、生活过程中的闪光点，尤其当孩子在为实现自己的短期或长期目标而努力时，他们更需要家长的称赞和关爱。明智的父母从不吝啬对孩子的夸赞。除了直接对孩子说，家长还可以在亲朋好友或师长、同学面前主动分享孩子的优点和努力成果，或者主动记录孩子所做的具有积极意义的事件，让孩子真切地感受到因为努力而得到认可的喜悦。

◆ 策略五：实践体验法，增强认识。

当孩子已经初步明确自己的理想信念时，就算并不是最终的结果，就算这种理想信念还具有不稳定性，作为家长，我们依然应该给予精心呵护。其实，一旦孩子的理想信念萌芽了，家长应该尽自己最大努力助其成长，主动为孩子提供实践、体验的机会，从而让孩子有更多的机会接近自己的理想。

梦欣是一个六年级的女孩。有一次，她在爸爸经营的茶叶店里看到一位身穿汉服的茶艺师正在进行茶艺表演。梦欣看得很入迷，并开始对茶艺和茶道产生了浓厚的兴趣。于是，梦欣经常到爸爸的茶叶店里看大人泡茶、谈茶。爸爸发现梦欣的兴趣后，就主动对她说："孩子，你也喜欢茶道？明天我让店里的茶艺师教你吧。"

在茶艺师的耐心教授下，梦欣很快就学会了茶艺的基本步骤和方法，泡茶时也有模有样的。茶艺师对梦欣的爸爸说："说不定以后梦欣也能在这个方面开创出属于自己的一番新天地呢。"听了茶艺师的夸赞，梦欣也感到很开心。

可见，当孩子的理想信念抽出芽儿、长出藤蔓的时候，家长可以顺势给孩子搭个"棚架"，让理想信念顺着"棚架"，依势生长。

理想信念并不是看不见摸不着的，它也是真实的、可以触摸的。作为家长，我们应该主动关注孩子的成长，了解孩子的兴趣爱好，关心孩子在做什么、喜欢做什么，并及时地进行肯定和引导，帮助孩子正确认识理想信念的内涵，真正为实现孩子心中的理想做出我们应有的努力。

意志坚强

——培养吃苦精神，奋力逐梦

案例分析

暑假如约而至，可芬芬的妈妈犯愁了：孩子放假了，她却要上班，并且还要出差一个星期；芬芬的爸爸则常年在外地工作，也没有时间照看孩子。尽管到了六年级，可是芬芬仍无法独自在家生活。芬芬从来没有做过家务，除了上学、写作业，其他的事情基本都是由妈妈代劳。无奈之下，芬芬的妈妈只好帮芬芬报了夏令营，希望芬芬能多接受一些锻炼。

夏令营开营前，妈妈为芬芬准备好一周要穿的衣服和物品。可是，尽管妈妈考虑得再周全，但是对在家里从来没有吃过苦、没有独立自主生活能力的芬芬来说，要在夏令营比较艰苦的环境下磨炼真是一个不小的挑战。果真，在夏令营的第一天，芬芬就无所适从。教官让孩子们绕着操场跑步，芬芬的鞋子湿透了，脚底磨出了水泡。娇生惯养的她一直被妈妈爱护着，从来没有受过伤。回到宿舍后，芬芬不禁大声哭泣。

在夏令营里，芬芬不仅要训练，而且要自己洗衣服、叠被子，还要自己学着做饭菜……于是，教官拨通了芬芬妈妈的电话。芬芬在电话里向妈妈抱怨了夏令营里种种要求和安排，并表示自己无法适应这样的生活，完全不想再继续待下去了。听到芬芬的哭诉，妈妈实在受不了了。在芬芬的软磨硬泡下，芬芬的妈妈最终决定放弃跟进了很久的工作，到夏令营接芬芬回家。

看了这个事例，您有什么感受呢？是觉得芬芬的妈妈关爱孩子，支持她那么做，还是觉得她溺爱孩子，包办过多，反而害了孩子呢？无论是支持还是反对，我们都可以看到芬芬的意志力不坚定这一问题。结合上述案例，我们发现孩子意志不坚强的原因主要有以下几个方面。

》》 1. 家长过分宠爱、过度包办。

爱需要适时、适度。进入六年级，孩子应该学会做一些力所能及的事情，尤其是与生活息息相关的家务事，如洗衣服、整理床铺、学做一两样拿手菜等，让孩子为以后独立生活做好一定的准备。然而，在现实生活中，很多家长总认为六年级的孩子还太小，一直不肯放手，使得孩子的依赖性不断增强。当面临突发状况时，孩子往往会无所适从。案例中的芬芬就因为没有掌握基本的生活技能，让妈妈放心不下。过分依赖父母、不能自主生活的孩子往往更容易缺乏自信心和耐心，这对孩子的成长是十分不利的。

》》 2. 家长没有创造条件让孩子在生活中磨炼意志。

体育锻炼是培养意志品质的一个重要途径。通过参加体育活动，孩子既锻炼了身体，也学会了坚持。但有的孩子怕苦怕累，不愿意参加体育锻炼，或者跑了一两圈就坚持不住了，多一圈也不愿意跑。此时，父母应该适时地进行鼓励，帮助孩子跨越心理障碍。当孩子在生活中养成主动参加体育锻炼的好习惯，家长会发现孩子变得更加阳光，做事也多了一份毅力和坚持。在上述案例中，当芬芬在夏令营的生活中遭遇困难和挫折时，她并没有咬牙坚持，而是选择了退缩，直至放弃。当然，我们能够理解孩子的情绪，毕竟脚磨出了水泡确实会很痛。但从另一个侧面我们也可以看出，芬芬的妈妈在日常生活中并没有主动创造条件，让孩子有目的、有意识地提升自己的意志品质。

》》 3. 家长的原则性不够强，容易受孩子情绪波动的影响。

对六年级的孩子来说，他们主动承担责任和自我约束的能力还比较弱。这时候，家长要有一定的原则意识，抓住教育的契机，引导和鼓励孩子在挫折和困难中学会独立解决问题，从而真正磨炼孩子的意志，而不应该容易受到孩子情绪波动的影响。在上述案例中，芬芬的妈妈一听到孩子的哭声就心软，没有抓住教育契机，反而害怕孩子吃苦，最终把孩子从夏令营接回家。其实，这样的做法不是帮助孩子，反而容易让孩子缺乏坚强意志，无法真正学会自主地生活，这不利于孩子的成长与发展。

从孩子呱呱坠地那一天起，家长的爱便油然而生。作为父母，我们对孩子照顾有加，给予他们最充分的爱，给予他们最好的生活条件，给予他们足够的安全感。在他们年纪尚小的时候，我们确实应该如此。然而，这种无微不至的爱也不能没有休止。当孩子逐渐长大以后，我们一定要学会适时放手，让孩子在实际生活中培养自主生活、自我解决问题的能力，从而形成坚强的意志。

适者生存是永恒不变的自然法则，更是社会竞争的最终结果。作为家长，尽管我们不会像鹰妈妈那样为了迫使小鹰学会飞翔而将小鹰推下悬崖，但是我们依然需要主动让孩子在没有依赖的情况下真正感受生活和体验成长，懂得自主、自立，进而培养自身坚强的意志品质。因此，我们都应该学会做严慈相济、懂得把握尺度的父母。

了解孩子

通常来说，六年级的孩子可以逐渐学习自己做饭，并学会自己动手收拾和整理个人物品。这时候，家长要主动放手，并创造机会不断锻炼孩子独立生活的能力。因此，作为家长，我们要主动抓住生活的细节，积极培养孩子独立自主的能力。只有当孩子掌握了一些生活技能，才能谈得上磨炼意志。其实，孩子的学习能力是比较强的，他们身上具有很大的潜能，所以家长要敢于放手。经过综合分析，我们发现六年级的孩子在意志品质方面主要有以下几个特点。

一、意志品质初步形成，有克服困难的毅力。

进入六年级，孩子已经初步具有培养意志品质的意识。他们知道确立目标以后，就要认真地按计划推进。通过结合以往的经历和体验，他们明确地知道“做事情都有可能会遇到困难”的道理。于是，当遇到困难时，六年级的孩子能够主动地想办法解决，具备了克服困难的毅力。

他们不会像小学中低年级的孩子一样，面对困难就轻易放弃，或是依赖他人。这个时候，六年级的孩子还懂得运用自己掌握的知识和具备的能力应对困难，并能够和小伙伴一起合作，借助团队的力量共同解决问题。

二、意志品质并不稳定，出现持续时间不长的情况。

相关研究结果显示，随着孩子就读的年级升高，意志自制力水平会逐渐下降。可见，六年级是孩子在小学阶段意志品质最薄弱的时期。这个年龄段的孩子因受年龄的限制，有时候他们能够凭借自身的毅力应对困难，解决问题；有时候他们也会因为某些不如意而放弃对问题的探索，放弃寻求解决困难的方法。此外，这个阶段的孩子通常比较固执，不太乐于接受别人的建议和意见。我行我素似乎成了孩子宣告自己长大的一种外在表现。当学习、生活中遇到的困难和问题在短时间内没有得到解决，有的孩子很有可能就会选择中途放弃。因此，这个时期孩子的意志品质并不稳定，持续的时间也不长。

三、意志品质容易受到他人和环境影响。

正所谓："近朱者赤，近墨者黑。"进入六年级，孩子身处的班集体与朋友的意志品质、家庭成员对意志品质培养的意识，以及孩子自身意志品质的高低，都会对孩子产生直接的影响。当身边相处的人都充满正能量，都愿意奋斗、甘于吃苦，那么孩子也会像他们一样逐渐具备顽强的意志品质。除了他人的因素，环境对孩子意志品质的形成也有较大影响。比如，为了生存，一只瘦弱的狼必定会用尽全力竞争。人也是如此。当置身一个条件比较艰苦的环境中，处在具有强烈竞争意识的场所里，孩子就会唤醒本能的生存欲望，这对历练他们的意志品质有很大的帮助。

对六年级的孩子来说，他们已具备培养和强化自我意志品质的主观意识，并在实际的生活中开始懂得用坚强的毅力战胜困难和挫折。但由于正处于由儿童向青少年转变的特殊时期，身心正发生巨大的变化，很多孩子的意志品质并不稳定，容易受到家庭和社会环境的影响。因此，作为家长，我们要主动了解孩子的成长特点，适时倾听孩子内心的声音，从而有目的地引导和帮助孩子快乐成长。

>>> 1. 我已经长大了，请相信我能够自主地解决问题。

我是学校篮球女队的主力队员。老师说我技术水平较高，就是体力跟不上。后来，我主动向教练求助，与教练共同分析原因，并寻找解决问题的方法。从那以后，我在每一次训练时都坚持比别人早到半个小时，自觉增加体能训练。此外，在妈妈的帮助和指导下，我通过合理的饮食搭配辅助提升体力。通过长时间的不懈努力下，我比赛时体力不足的情况得到了明显改善。

>>> 2. 我实在无法坚持了，请允许我放弃吧。

我学习钢琴已经五年了。可是，在一次体育课上，我不小心从双杠器材上摔了下来，导致手臂严重骨折。打上石膏后，完全没法弹钢琴。石膏拆除后，我的手还是很不灵活。面对这样的情形，我十分烦躁沮丧。于是，我鼓起勇气对妈妈说不想再弹钢琴了。

>>> 3. 我的同学都不这么做，为什么要我坚持呢？

妈妈每天都敦促我按时完成体育作业，并坚持视频打卡。可是，当我了解到他们班没有几个同学像他每天坚持运动打卡时，我就向妈妈抱怨：“妈妈，我们班的同学都不打卡，我为什么要打卡呢？多累啊！”

很显然，进入六年级，不同的孩子在学习、生活中会遇到不同的问题，这其实都是对孩子意志品质的考验。从孩子的心声，我们发现每一个孩子的表现并不一样，克服困难的毅力和坚持的时间长短更是大不相同。无论如何，随着年龄的增长，六年级的孩子会逐渐成长为更加强大的自己。在这个过程中，家长要与孩子保持密切的沟通和交流，关注孩子的成长和需求，主动引导孩子不断提升自己的意志品质，从而有效地应对学习、生活中的各种挑战。

实施指南

意志品质是指一个人在行动中具有明确的目的，不屈从于周围人的压力，按照自己的信念、知识和行为方式进行行动的品质。它主要包括独立性（自觉性）、果断性、自制性和坚持性（坚韧性）。在家庭教育过程中，家长可以从以下几个方面培养和强化孩子的意志品质。

◆ 策略一：培养吃苦精神，创造磨炼意志的机会。

俗话说："艰难困苦，玉汝于成。"生活总是给勇敢者丰厚的回报。一个人经历的艰难困苦会成为他一生最宝贵的精神财富。由此可见，只要有乐于吃苦的劲头，再苦的环境条件也能克服，再难的问题也能直面解决；经历了艰苦岁月的磨砺，以后遇到任何问题都能够处变不惊、应付自如。

尽管如今的生活条件更加优越了，孩子已经不用过着艰苦的生活了，但是依然需要拥有吃苦的精神。为此，家长可以尝试从以下几个方面创造机会磨炼孩子的意志。

>>> 1. 到农村体验生活。

作为家长，我们可以创造条件让孩子学会吃苦。比如，对于住在城里的孩子，我们可以利用假期带着孩子到农村体验生活。在经历烈日的暴晒、操作农具、饲养家禽的过程中，孩子可以真正地明白“生活其实并不是那么轻松如意”的道理。通过带领孩子参加田园劳作，我们可以让孩子在生活设施没有那么完善的环境中主动克服困难。

2. 自己的事情自己做。

在孩子的成长过程中，家长不应该把孩子当作娇生惯养的“公主”“王子”，而应该为孩子提供吃苦的体验。对六年级的孩子来说，他们可以从生活中的小事做起，如清洗和整理自己的衣服、收拾自己的房间和学习用品、学做一两道拿手好菜……只有真正学会生活，掌握一定的生活技能，孩子才能养成独立自主的生活习惯。因此，在教育孩子时，家长的主动放手是孩子成长最有效的助推剂。

3. 角色转换，当家做主。

在家庭生活中，家长可以通过设计有趣的互动游戏，主动磨炼孩子的意志，如“家庭角色互换”活动。家长可以给孩子一天当家做主的机会，让他们扮演“父母”的角色。在这一天中，从食材的采购，到准备一日三餐；从家务琐事的安排，到家庭要事的决定，家长可以把自主权都交给孩子。通过角色转换的体验，孩子能更真切地感受父母的不易，从而学会感恩，并更加努力地为实现心中的理想信念而奋斗。

4. 走进大自然，感受本真生活。

大自然是一本书，为家庭教育提供了广阔的天地。在大自然中进行户外活动，家长可以创造很多磨炼孩子意志的契机。比如，春秋时节天气凉爽时，家长可以带着孩子到风景优美的地方露营。在这个过程中，家长不仅可以带领孩子欣赏自然的美好风光，帮助孩子放松心情，还可以教给孩子搭帐篷、户外生火做饭、安全防范的知识与技巧。此外，家长也可以和孩子一起攀岩登山、溯溪探险。在活动中，家长可以引导孩子主动探索解决问题的办法。以上这些都是锻炼孩子意志品质的有效途径。

总之，家长在磨炼孩子的意志时，要特别重视孩子在完成事情过程中应对困难的态度和解决问题的方法。只有主动地迎接挑战和考验，孩子才能真正增强自己的意志品质，从而成为更强大的自己。

◆ 策略二：增强责任感，明确孩子应该承担的责任。

责任感是一种自觉主动地做好分内分外一切有益事情的精神状态。一个具有责任感的孩子通常能认真地对待每一件事情。当遇到困难时，他更容易发挥自己坚强意志品质的作用，主动迎难而上，克服困难。孩子的责任感是驱动他一生勇往直前的不竭动力，并在不懈追求理想的过程中感受到自我存在的价值和意义，从而真正得到人们的信赖和尊重。

》》 1. 认清自己的身份，主动承担责任。

在家庭教育的过程中，家长要主动引导孩子认清自己在不同情境下的身份，让孩子学会主动承担自己应尽的责任。比如，作为孩子，他的责任是体恤父母，帮助父母做一些力所能及的事情；作为学生，他有责任好好学习，认真地完成学习任务；作为哥哥，他的责任就是爱护弟弟、妹妹，帮助父母照顾弟弟、妹妹……在家庭教育的过程中，作为家长，我们应当在孩子小的时候主动告诉他应承担的责任，而不要等到孩子出现问题后才去强调孩子的责任心。因此，家长要学会把明确责任放在培养和增强孩子责任感的第一位。

》》 2. 培养责任意识，需要家长有意识地给孩子布置任务。

在家庭教育中，家长适当地让孩子帮忙做力所能及的事也是培养孩子责任意识的一种方式。比如，妈妈下班回到家后，可以向孩子说一说工作的辛苦，请孩子帮忙拿拖鞋、挂手提包等，还可以对孩子说：“宝贝，妈妈上了一天班了，好累啊，你能帮我倒杯水吗？”在孩子完成任务时，家长及时地给予孩子应有的鼓励，让孩子体会到成功的喜悦，从而更加乐于承担起其他的责任。

》》 3. 参与社会实践，增强责任意识。

在孩子的成长过程中，家长可以在周末或寒暑假时，主动鼓励并带领孩子参加学校或其他社会组织发起的志愿服务活动。通过积极参加社会活动，孩子能真正为他人做力所能及的事情，并且把为他人服务当成一种乐趣。久而久之，孩子的责任意识自然会进一步强化。

◆ 策略三：培养自律性，树立时间意识，为实现目标不断努力。

一般情况下，自律和意志是紧密相连的。意志薄弱的孩子，其自律能力往往会比较差；而意志顽强的孩子，自律能力通常会比较强。在孩子的成长过程中，加强自律也就是磨炼意志的过程。因此，当孩子自律性较差时，家长可以尝试从以下几个方面对孩子进行引导。

1. 让孩子在规定的时间内完成任务。

在完成相应的任务时，家长需要做到以下几点：首先，与孩子约定完成任务的时间，确定预计需要的时长；其次，真实记录孩子完成任务需要的时间，让孩子对自己完成任务的时间有清楚的认识；最后，引导孩子进行反思，共同分析完成任务的情况，以及需要改进的内容。只有这样，孩子才能真正树立时间意识，并在实际生活中学会思考，及时改进不足，从而更好地提升自我。

2. 运用一些奖励措施鼓励孩子。

在家庭生活中，家长可以采用打卡的形式，把孩子需要完成的任务写在表格中，并贴在书桌前。每完成一个任务，家长引导孩子及时打钩，或者贴上可爱的贴纸。当孩子坚持一定时间后，家长可以给予孩子适当的奖励，但要以精神奖励为主，适当满足孩子的物质需求。通过设计奖励机制，家长可以促使孩子在生活中学会自律，自觉地完成自己应该做的事情。尤其当孩子长期做一件事情时，家长适时使用奖励机制显得尤为重要。这样的奖励就如一场及时雨，滋润孩子的心田，给予他们更大的前进动力。

3. 体验学习，榜样引领。

部队是一个严肃纪律的地方。尽管我们无法真正带孩子到部队进行学习，但是家长可以带着孩子参加以军事为主题的夏（冬）令营，让孩子更加真切地感受和体验军队严明的纪律、统一的步调和严格的要求。当然，如果条件不允许，我们也可以和孩子一起观看有关部队生活的视频，还可以采访身边和社会上各行各业的榜样人物、模范先锋，让孩子了解他们的事迹，为孩子学会自我约束提供强大的榜样力量。

尽管现在的生活条件变好了，但是我们依然不能舍弃能吃苦的精神。作为家长，我们要有肯让孩子磨炼意志的决心，尽己所能地为孩子创造磨炼意志的条件，引导孩子时刻从小事做起，养成持之以恒的好品质，不断强化孩子的意志品质，增强孩子的责任意识。此外，家长还可以根据孩子的成长特点和具备的能力，给孩子适当“加码”，不断锻炼和提高孩子的承受能力。只有这样，孩子才能真正拥有坚强的意志，更加从容地应对学习与生活中的各种考验，从而体会到成长的喜悦。

延伸拓展

一、阅读推荐

›› 1.《家风，最美的教育是传承》(编著：李世强；出版单位：中央编译出版社)。

理由及建议：本书从9个方面细述家风对于孩子的影响，怎样培育和传承良好的家风，让孩子更好地成长，帮助他们树立正确积极的世界观、人生观，提高道德素养，养成良好的生活习惯等。阅读时，家长可以重点思考这几个问题：如何继承并将良好的家风传递给孩子？如何给孩子确立原则和底线，帮助孩子形成良好的世界观？营造良好的家风有哪些方法和技巧？

2.《习近平的七年知青岁月》（著者：中央党校采访实录编辑室；出版单位：中共中央党校出版社）。

理由及建议：这本书共采访了29人，受访者通过自己的亲身经历，用真实的历史细节还原了习近平总书记当年“苦其心志，劳其筋骨，饿其体肤，空乏其身”的历练故事，再现了习近平总书记知青时期的艰苦生活和成长历程。为了达到更好的阅读效果，家长可以与孩子共读。当读到可以给予孩子启发和思考的章节时，家长可以问问孩子：“阅读了习近平总书记的生活经历，你有什么想法和感受？”“他的经历给了你什么启发？”通过一边阅读一边评议，孩子可以在思考中进一步加深对自我的认识和反思。

二、视频推荐

纪录片《大国工匠》

理由及建议：节目讲述了不同岗位劳动者用自己灵巧的双手以匠心筑梦的故事。他们文化不同、年龄各异，但都拥有一个共同的闪光点——热爱本职工作、敬业奉献。他们凭的是传承和钻研，靠的是专注与磨砺。这些大国工匠是培养孩子良好意志品质的榜样人物。为帮助孩子更好地理解影片的内容，家长可以和孩子共同观影。观影后，家长可以带领孩子以思维导图的方式呈现纪录片中所涉及的大国工匠，并共同分析他们取得卓越成就的原因，让孩子学会有所思、有所获。

评估改进

一、自我评估

和美家风，励志启智。在孩子的成长过程中，您对健康情趣的营造、意志品质的培养、理想信念教育的认识是否到位呢？孩子在这些方面的发展状态如何？下面，我们一起完成这个测试吧！

	是	否
① 您是否觉得自己的兴趣爱好广泛？	□	□
② 您的孩子是否有自己的兴趣爱好？	□	□
③ 您是否支持孩子发展自己的特长？	□	□
④ 您与家庭成员是否有共同的爱好？	□	□
⑤ 您是否经常跟孩子一起进行亲子互动？	□	□
⑥ 您认为家庭的健康情趣对孩子的成长是否有影响？	□	□
⑦ 您的孩子是否跟您说过他长大后的理想？	□	□
⑧ 您的孩子是否有在努力培养与理想相关的兴趣爱好？	□	□
⑨ 您的孩子心中是否有一个值得他学习的榜样？	□	□
⑩ 您是否和孩子聊过祖辈奋斗的故事？	□	□
⑪ 您是否带孩子到过您工作的地方，或和他谈过您的工作？	□	□
⑫ 孩子的理想和您的意愿发生冲突时，您是否会耐心地和孩子沟通、交流？	□	□
⑬ 您觉得爱国教育对孩子理想信念的树立是否有帮助？	□	□
⑭ 遇到困难时，您的孩子是否能够自己想办法解决？	□	□
⑮ 当孩子遇到困难时，您是否会教给他应对的方法？	□	□
⑯ 您是否会带领孩子参加爬山、健步走等磨炼意志的户外拓展活动？	□	□
⑰ 您在家里是否给孩子安排一些力所能及的家务活？	□	□
⑱ 您的孩子是否在班级里担任班干，或者是否能够主动为老师、同学服务？	□	□
⑲ 您是否会带领孩子参加社区、单位等组织的志愿服务活动？	□	□
⑳ 您的孩子平时是否会阅读励志书籍或观看一些影视作品？	□	□

【评估参考】

A. 如果您选择1～10个“是”，那么说明您对孩子健康情趣的营造、意志品质的培养、理想信念教育的认识还有所欠缺，需要为孩子创造机会磨炼意志。

B. 如果您选择10～19个“是”，说明您已经有意识培养孩子的健康情趣、意志品质、理想信念，需要继续努力和坚持。

C. 如果您选择20个“是”，那么您在孩子健康情趣、意志品质、理想信念方面的培养非常用心，请一如既往地保持。

D. 如果您选择了20个“否”，那么您需要给予足够的重视，从自身做起，学习相关的教育知识，为孩子提供磨炼意志的机会，和孩子共同进步。

二、改进计划

亲爱的家长，您好！阅读本专题后，您应该对如何帮助孩子在六年级树立理想信念有了更深刻的认识。下面请您结合实际，写出自己的改进计划，并逐项完成。

第二专题 培养习惯 塑造人格

行为习惯是小学阶段教育培养的主要目标。从心理学角度看，习惯是在重复出现的、有规律的刺激下形成的稳定的条件反射。习惯不需要别人督促、提醒，只需要自己的意志力和对为人处世的正确判断，所以人们常说“习惯成自然”。

习惯的培养是一个长期的过程，并不能一蹴而就。六年级的孩子尽管已经具备一定的自我监督和管理意识，但是仍会受到家庭、学校、社会、朋友、同学等多方面因素的影响，很多行为表现并未真正成为习惯。随着生活水平的不断提高，家庭条件有了极大的改善，大多数孩子往往是家长的“掌上明珠”，这使得孩子在一定程度上形成了以自我为中心的认识。相关调研结果显示，虽然进入了六年级，很多孩子对责任与奉献的概念仍然比较模糊，更谈不上为他人着想；而他们对物质的需求不再仅仅满足于基本的生活需要，还多了几分攀比的心理。对于勤俭节约，有的孩子甚至不屑一顾，于是会对自己的行为缺少反思，也不注重培养持之以恒的习惯。

作为孩子在六年级阶段必须养成的良好习惯，责任与奉献、勤俭与立身、反思与坚持这三个方面会对孩子在小学最后的阶段形成正确的世界观、人生观、价值观有着重要影响。因此，作为家长，我们需要清晰地认识孩子养成良好学习习惯的重要性，在孩子的成长过程中不厌其烦地履行监督的职责，给予孩子必要的关注和提醒，利用直观、形象的榜样给孩子树立正确的典范，并通过长期、反复地训练以及定期地反馈，不断激励孩子养成良好习惯。

责任与奉献

——参加社会志愿服务，让奉献成为一种习惯

案例分析

小宇是一名六年级的小男孩。他出生在一个志愿者之家，雷锋精神三代相传，一家五口都是五星级志愿者。在家人的影响和引导下，小宇从4岁开始就跟着家人一起做志愿服务，8岁时被吸纳为正式志愿者，12岁时被认证为市级五星级志愿者。如今，小宇已有多年的志愿者经历，志愿服务时间更是高达2000多个小时，志愿服务已经成为他的成长方式。

从最初跟随家人，到后来独立做志愿者，小宇在一次次服务中不断成长。“拥抱阳光”服务精神病患、“临终关怀”情感陪伴、社会调研帮困助学、艺术团公益演出等日常服务及高交会、文博会、大运会等重大活动，都有他服务的身影、留下了他辛勤的汗水。此外，小宇还长期与贫困山区的同龄儿童结对帮扶，并帮助他们到深圳、北京等地游学。在小宇的影响下，身边的同学也纷纷注册成为志愿者，他们一起奉献爱心、服务社会。小宇先后获得“省级优秀共青团员”“最美少年”“最美中学生”等荣誉称号。

在上述案例中，小宇的优异表现绝非偶然。小宇的成长经历带给我们的启示也是显而易见的。小宇所受到的家庭教育培养理念、教导方式非常有借鉴意义。通过综合分析，我们发现小宇之所以拥有如此优秀的人生，是因为受到科学、合理的家庭教育观念影响。这主要体现在以下几个方面。

》》 1. 言传身教是培养责任感的核心要素。

著名教育家陶行知说："我要儿子自立立人，我自己就得自立立人；我要儿子自助助人，我自己就得自助助人。"父母是孩子的第一任老师，父母的一言一行、为人处世都会对孩子的成长产生深远的影响。因此，在家庭教育中，家长要以身作则，用自己的言传身教在潜移默化中培养孩子的责任感。此外，家长还要从自身出发，做到言行一致，时刻做一个有责任和有担当的人，如主动孝敬长辈、乐于帮助别人……让孩子在家长潜移默化的影响下增强自身的责任意识。

在上述案例中，志愿者精神在小宇的家里可谓薪火相传。可见，家长的示范对培养孩子的社会责任感起着极其重要的引领作用。在良好家风的影响以及家人的言传身教之下，孩子能随着年龄的增长学会主动承担社会责任，成长为有责任心的青少年。

》》 2. 持之以恒是培养责任感的重要条件。

对孩子来说，他们对新鲜事物都会充满强烈的好奇心，但容易受到外在因素的影响，会表现得随性且容易转移注意力。为避免孩子做事虎头蛇尾，在教孩子做事情时，哪怕是很小的事情，家长都要主动承担检查监督的责任，并对孩子所做事情的结果做出客观的评价，让孩子在家长的鼓励下学会持之以恒，养成认真负责的好习惯。

案例中的小宇从4岁起就与家人共同参加志愿服务，并坚持至今，平均每年服务时间超过200个小时。这对于一个小学六年级的孩子来说是难能可贵的。这样的毅力和耐心不仅是成就他精彩人生的关键所在，而且是他形成高度社会责任感的力量源泉。

》》 3. 提升核心素养是培养责任感的最终目的。

俗话说："士不可以不弘毅，任重而道远。"责任担当作为核心素养的六大模块之一，是中华民族几千年文化的延续与发展，诠释了中国人勇于承担责任的民族精神。从家庭层面来看，要培养孩子的责任担当意识，家长需要秉承家校协同、共同教育的教育理念，摒弃过度保护孩子、过分宠爱或者过分专制等错误观念。在家庭教育中，家长可以有意识地教导孩子理解和领会"胸怀天下"的道理，主动带领孩子用开阔的视野、开放的心态、包容的态度看待社会问题，让孩子不断增强自己的社会责任意识，并付诸实践。案例中的小宇就是在这种教育理念的影响和指导下成就了属于自己的魅力人生。

培养孩子的社会责任感是一项系统的、复杂的、长期的工程。家长不能操之过急，而应该从小事做起，从日常的待人接物做起，引导孩子主动承担责任，并为社会的发展尽到自己的义务，以及做出自己的贡献。只有这样，孩子进入六年级后，才会真正懂得社会责任感的意义和价值，从而促进自己健康成长与发展。

了解孩子

对六年级的孩子来说，培养一定的社会责任感是极其重要的。青少年只有主动学会成为对社会有用的一员，才能让知识的累积产生其应有的社会价值和作用。作为家长，我们不能简单地培养孩子在学习知识方面的过人能力而忽视孩子作为完整的人的社会属性，更不能剥夺孩子通过自身的体验获得认知的机会。因此，我们需要深入了解孩子的成长特点，试着从孩子的角度看待目前存在的问题。经过分析，我们发现孩子在这一时期主要有以下几个方面的特点。

一、渴望成熟独立，变得敏感、要强。

六年级的孩子有自我成熟的强烈感受，觉得自己已经长大，希望能被家长当作大人看待。在渴望成熟、独立的心理作用下，孩子的独立性与实践能力得到了迅速发展，同时也容易产生消极的影响，从而出现越轨行为。此外，随着自我意识的觉醒，当与他人相处时，孩子会变得敏感和要强，并希望自己的权利、个性和尊严能被尊重。所以，在培养孩子的责任感和奉献精神的过程中，家长要特别注意保护孩子的积极心态，把孩子当作独立思考的成人看待，用积极、正面的言行影响孩子。

二、对家长的不确定规则无所适从。

步入六年级，孩子已经具备了一定的规则意识，并且也能主动遵守日常的行为规范与准则。但在实际生活中，面对孩子在小学阶段的成长，大多数家长更倾向于让孩子自由发展，缺乏对孩子成长规律的挖掘，只是希望孩子将来能成为成功的人，却没有给孩子树立明确的规则和要求。在这种模糊的思想和不具体的要求引导下，孩子往往容易陷入自我的纠结中。孩子希望能像家长所期待的那样拿到最好的东西，却不具备主动争取的能力，这让孩子陷入痛苦的煎熬中而无法体会人生的乐趣，也就谈不上具有社会责任感和奉献精神。

三、竞争意识过于强烈。

随着社会竞争日益激烈，在教育孩子的过程中，大多数家长不太关心孩子在学校有没有帮助别人，更在意孩子有没有超越别人。家长总会不由自主地把自己的孩子与其他同学进行对比，并想方设法鼓励、鞭策孩子要超越别人，使竞争意识深深扎根在孩子的心中。随着年龄的增长，孩子会在这种竞争意识的驱使下，变得更加关注个人利益，并在为人处世中更趋向利己，而容易忽略他人的感受，甚至不愿意与他人分享自己得到的好处。长此以往，孩子就失去了培养责任感的自主意识，更不会在日常生活中主动发扬奉献精神。因此，家长希望孩子将来有竞争力，就应该从小引导孩子主动帮助别人，在孩子的心中播下责任与奉献的种子，让孩子真正成为具有社会责任感和奉献精神的新时代好少年。

进入六年级，孩子进入较为快速的发展阶段。除了生理、心理上会出现较大的变化，孩子对世界观、人生观、价值观也有了初步的认识。在责任与奉献上，孩子也有了自己的态度和想法。但是由于缺乏社会实践经验，有的孩子会对责任与奉献的具体内容感到迷茫。因此，作为家长，我们需要认真了解孩子内心的想法，从而有目的地引导孩子成长与发展，并有针对性地培养孩子。

>> 1. 我努力践行“助人为快乐之本”的思想。

爸爸妈妈很重视对我的思想教育，他们经常对我说“助人为快乐之本”。在这样的思想影响下，我也养成了主动帮助别人的习惯。不管遇到什么事，哪怕是借给别人一支笔，或者帮同学倒一杯热水，我都会在自己力所能及的范围内给予他人帮助。周末，我还会主动参加社区的志愿服务活动，与小伙伴们一起做义工。当听到别人真诚地说“谢谢”，我也深深感受到生活的温暖。

>> 2. 我不知道怎样才叫“有责任感”。

虽然我经常听到“要有责任感”这句话，但是并没有人告诉我具体该做些什么、怎么做。爸爸妈妈只希望我好好学习，其他事情都不用我管。在家务劳动上，妈妈已经全部包办，根本没有我可以插手的份。所以我实在不知道我应该怎样做，才能成为有责任感的人。这该如何是好？

3. 我实在没有时间帮助别人。

除了吃饭、睡觉，其他时间我都要学习。上学的时候，每天就是两点一线，不是上课，就是做习题。业余时间，爸爸妈妈会带我上各种特长兴趣班。我都快被这些学习任务压得喘不过气了，哪里还有时间做帮助别人的事。可我还是希望父母能给我适当的自由空间，让我独立思考如何才能在有限的时间里更好地帮助他人。

对于责任与奉献，大多数孩子的意识通常比较淡薄。在竞争的环境下，孩子对责任的认识更多在于对自我成长的责任、对家庭和谐的责任，极少上升到社会责任，更谈不上家国情怀。因此，在家庭教育的过程中，家长可以把中华民族几千年传承的核心品质（如奉献精神）当作培养孩子社会责任感的重要抓手，并在实际中主动引导孩子从生活的点滴做起，增强孩子勇于承担责任、甘于奉献的意识，从而促进孩子的成长。

实施指南

家庭是孩子生活和成长的第一所学校。家庭教育是培养小学生责任心的基础，而责任意识教育则是家庭教育的第一课。作为家长，我们要主动学会放手，让孩子学会对自己的言行负责，并承担相应的家庭责任，加强孩子对自我价值的认识，从而真正帮助孩子成长为有责任心的青少年。

◆ 策略一：激发热情，树立为国奉献的理想。

在教育孩子的过程中，家长不应该把“做合格的社会主义建设者和接班人”当作一种口号，而应该把这种信念落实到行动中，渗透到孩子的日常生活中，增强孩子的荣誉感、责任感、使命感。

> >> 1. 传承优秀传统文化。

在实际生活中，家长可以充分利用传统节日和古典书籍，让孩子了解每个节日的来历、习俗和寓意，领悟蕴藏在其中的中华民族传统美德。此外，家长还可以主动为孩子解读像“三过家门而不入”的大禹、“精忠报国”的岳飞这样的古代名人故事，充分发挥典范的引领作用，让孩子理解道义和担当、义务与责任。

> >> 2. 挖掘革命精神内涵。

青少年阶段是孩子人生的“拔节孕穗期”。作为家长，我们可以通过革命传统教育让孩子在心中产生爱党、爱国、爱社会主义的情感，为孩子扣好人生第一粒扣子，从而培养孩子坚定正确的信仰、铸造高尚的灵魂、养成良好的品格，使之真正成为担当民族复兴大任的时代新人。此外，家长还可以创造机会，带领孩子聆听老一辈讲述革命故事，或者与孩子一起参观当地的博物馆、纪念馆、革命先烈故居等，共同追寻革命先辈的足迹，自觉地接受革命传统教育，从而树立为国奉献的远大理想。

> >> 3. 关注社会和身边的榜样。

在家庭教育中，家长可以有意识、有计划地为孩子树立形象、生动的榜样，主动与孩子分享时政中涌现出的民族脊梁，适时对孩子进行理想信念的教育，帮助他们树立为国奉献的崇高理想。

为此，家长可以巧妙地运用社会的鲜活事迹，充当教育孩子的活教材，如“5·12”汶川大地震中令人感动的典型事迹，付出生命换回世界和平的维和人员，等等。家长可以让孩子在实践中主动关注和接触那些充满家国情怀的人和事，从而获得更直观的体验。对正处在青春期初期的六年级孩子来说，这些鲜活的英雄模范是他们最应该学习和效仿的榜样。此外，家长还可以引导孩子主动关注学校或社区小伙伴的优秀事迹，让孩子积极地发现他人身上的闪光点，以此作为孩子努力前行的榜样，让孩子更容易理解和接受榜样的力量。

◆ **策略二：引导孩子积极承担家务，培养家庭责任意识。**

在教育孩子的过程中，家长应该注意思想教育与行动实际相结合，主动与孩子共同制订家训、家规，把弘扬中华民族传统美德的事例融入日常的家庭教育中，培养孩子的家庭责任感。为此，家长可以尝试从以下几个方面对孩子进行引导。

›› 1. 我的家，我建设。

培养孩子社会责任感可以从家庭入手。家长可以让孩子积极参与家庭生活的方方面面，不断增强孩子对家庭的主体意识。当孩子意识到自己在家里的意义和重要性，孩子对家庭的责任感便会油然而生。与此同时，家长也可以让孩子对家里的事情主动发表自己的意见和看法，让孩子帮着出谋划策。对于孩子提出的好建议和好想法，家长要积极回应，并加以鼓励和表扬。只有这样，孩子才会真正把自己当成家庭的主人，并懂得主动承担应尽的家庭责任。

›› 2. 尊长辈，爱幼小。

尊老爱幼是培养孩子责任感的基础。在家庭生活中，家长可以提醒孩子这样做：①回家时，主动向父母问好；离开家时，主动向父母辞行。由此，家长可以帮助孩子建立基本的家庭意识，让孩子清楚自己是家庭的一分子。②主动孝敬长辈，逢年过节为家里的长辈送上祝福，并记住长辈的生日。此外，家长更要身体力行示范如何孝敬长辈。③如果家庭还有弟弟、妹妹，在父母不在家时，要主动承担照顾幼小的责任。总而言之，家长需要让孩子感受到自己的家庭责任，当然也要注意适度，不要让孩子产生“什么都要我做”的抵触心态。

>>> 3. 家务事，勤分担。

为了帮助孩子建立家庭责任意识，家长可以让孩子主动承担一定的家务劳动，让家务劳动成为孩子日常生活中的一部分，如洗碗、扫地、拖地、刷马桶、整理客厅等。在孩子做家务的过程中，家长还要引导孩子学会坚持，并保持更多的耐心，教给孩子日常生活的技能和妙招。当孩子顺利完成所承担的家务劳动后，家长要主动履行对孩子劳动成果的检查和反馈，对孩子的行为表现进行客观的评价，适时给予孩子应有的肯定和表扬，让孩子体验到劳动的乐趣，感受成功的喜悦。

只有这样，孩子才会养成认真负责的好习惯，不仅懂得重视自己的劳动成果，而且主动享受自己付出劳动的过程，从而树立自信心，增强自身的责任感和自豪感。

◆ 策略三：投身公益，强化社会责任意识。

随着社会经济的发展，物质生活极大丰富，孩子的世界观、人生观、价值观也在悄然发生着变化。因此，从小培养孩子的志愿服务意识势在必行。

>>> 1. 鼓励孩子参加学校组织的志愿服务。

在现阶段的教育中，学校和老师都在有意识地引导孩子参与社会志愿服务，增强他们的社会责任感，把爱心培养作为中小学生志愿服务的主要目标。因此，作为家长，我们可以向孩子传递“在志愿服务中奉献爱，在爱的奉献中传递爱，在爱的传递中学会爱”的正确思想，鼓励孩子积极参加学校组织的志愿服务活动，如到小区里进行垃圾分类宣传，到马路边进行交通秩序疏导，到养老院给老人们表演节目、与老人们交流谈心……久而久之，孩子自然会从这些活动中真正领会社会责任感的意义和价值。

>>> 2. 带领孩子参加社会性质的志愿服务。

尽管中国志愿服务在短短几十年内得到了迅速发展，但是志愿服务的供给量还是远远不能满足志愿服务的需求量。在教育孩子的过程中，家长应该身体力行，积极鼓励、带领孩子做志愿者，由此努力把孩子塑造成乐于助人、甘于奉献的新时代好少年。此外，家长还可以引导孩子学习重要的经验教训，如教孩子学会欣赏周围的一切（包括家庭、食物、住所，以及其他基础设施等），并关注那些因遭遇挫折而导致人生发生变故的人，给他们送去可能缺少的东西，鼓励孩子学会对他人抱有更多的同情心，增强孩子的社会责任意识。

3. 注册成为当地的志愿者。

志愿服务最核心的功能就是提高人的自身素养。为此，我国各地也针对志愿服务活动出台了一系列鼓励政策，部分高校还设有“志愿学分”，以“志愿时长”作为学分记录参考标准之一。热心公益、乐于参与志愿服务的人必然会得到更多的嘉许、回馈和优待。

因此，家长可以带领孩子主动关注当地志愿服务的官方网站，完成信息注册，并加入志愿团体，主动参加志愿服务活动，寻找自己力所能及的志愿服务项目。通过加入这样的志愿队伍，孩子能进一步提升自己对社会责任感和奉献精神的认识和理解，更加主动地投入其中，成为优秀的青少年，促进自己的成长和发展。

对六年级的孩子来说，奉献并不是一定要做惊天动地的事，有时只是举手之劳，更多的是平凡的坚守。俗话说：“爱人者，人恒爱之；敬人者，人恒敬之。”责任因为奉献而变得更加美丽，奉献因为责任而变得更加规范。因此，为了培养孩子的社会责任感和奉献精神，家长可以从生活的点滴做起，并以身作则为孩子树立模范和榜样，引导孩子用自己的具体行动对祖国、对社会、对他人做出贡献，主动承担自己应尽的社会责任，让孩子真正成长为有责任心、有奉献精神的好少年。

勤俭与立身

——树立正确的金钱观念，让节俭成为一种美德

案例分析

小敏是一名六年级的孩子。12岁时，小敏举行了一场生日聚会。在生日的前一天，小敏对父亲说，第二天要在饭店过生日，并提出要带两个最要好的同学，因为那两个同学过生日时也请她了。父亲没有多想就同意了。

生日当天中午，小敏在一家饭店给正在上班的父亲打电话，请他马上到饭店去买单。来到饭店后，小敏的父亲为眼前的情景所震惊，包厢里坐着20多个小朋友。经过询问，小敏告诉父亲，她扩大了请客范围，通知了她班上一半以上的同学来参加她的生日宴，并说“今年的生日过得最有面子”。

无奈之下，小敏的父亲只能下楼买单。当看到账单时，小敏的父亲再一次感到吃惊。因为这次聚会居然花了3000多元。可小敏却丝毫没感受到父亲的苦与累，而是大肆在同学中宣扬自己的生日“事迹”。为此，小敏的父亲只能默默地叹息。

过生日原本是一件无可厚非的事，可是，目前社会上过生日的奢靡之风日盛，一桌生日宴有时花费竟达几万元，甚至更多。这种奢靡之风渐渐影响了孩子的认知，使得有些孩子认为过生日就要大摆宴席，否则就觉得没面子。据了解，有像小敏父亲这样经历的家长不在少数。那么，为什么小学生会出现高消费、讲排场的心理呢？

1. 家长没有及时纠正孩子互相攀比的行为。

进入六年级，随着自我意识的觉醒，孩子会更加在意自己在同学

眼中的形象，希望得到同伴的赞赏和拥戴。虽然这是孩子成长的正常表现，但是由于缺乏家长的及时提醒和正确引导，有的孩子会陷入互相攀比的境况，出现有悖于常理的消费行为，影响孩子的健康成长。

在上述案例中，小敏因为同学过生日邀请了她，所以她过生日的时候也要邀请同学参加。这是“连锁反应”，看似是“礼尚往来”，其实是孩子相互攀比。这种心理是造成铺张浪费的“罪魁祸首”，完全不值得提倡。尽管孩子过生日是一件值得高兴的事情，但家长也应该教育孩子这一天是母亲的受难日，可以鼓励和带领孩子在生日这一天通过一些暖心的行动表达对母亲的感谢，提醒孩子不要为了所谓的面子而出现不合理的行为表现。

2. 家长缺乏对孩子的陪伴与监督，甚至过于放纵。

尽管孩子已经进入六年级，但是他们的自控能力还比较差，没有办法时刻做到自我约束和控制。这时候，家长需要主动承担陪伴和监督孩子的责任，让孩子在有限的自由空间里适当发挥，而不应对孩子的行为放任不管，任由孩子“自行操办”。

在上述案例中，小敏的父亲没有对女儿的生日具体安排过多地询问而草率地同意了小敏的想法，给小敏传递了错误的信号，使得小敏误以为让自己自由操作。这种做法不是给孩子自由的空间，也不是培养他们独立自主的意识，而是家长在教育过程中的缺位和失职，助长了孩子铺张浪费的行为，从而造成不良的后果和影响。

3. 家长没有给予孩子正确的思想教育。

随着社会经济的发展，家庭生活也越来越好，但这并不意味着孩子就可以铺张浪费，讲究排场和面子。上述案例就折射出当前青少年群体中存在“他有我也要有”的心理。据调查，有的孩子不仅在过生日时大肆宴请，还在穿着上追求名牌。在平常的交谈中，孩子们不只是谈论谁家开什么车，还会嘲笑同学打扮寒酸。之所以出现这样的情况，大多数情况下是因为家长没有给孩子传递正确的思想观念，没有引导孩子养成摒弃“面子工程”、紧抓综合素质教育的良好习惯。

案例中的小敏就是因为缺乏正确的思想教育，所以才出现了“过分注重面子而忽视了父母的艰辛和困苦”的错误心理；而小敏父亲暗自无奈与叹息，也让小敏没有主动认识到自己的错误行为给父母带来的消极情绪而变得更加虚荣。因此，无论何时，家长都不能忽视对孩子的思想教育。

对六年级的孩子来说，他们出现的不良心理和错误行为，除了受到社会不良风气的影响，家庭教育也存在缺陷和不足。因此，作为家长，我们应该主动向孩子传达“立身之根本不在于物质条件的富足，而是在于优秀品质的培养”的正确理念，并在孩子习惯养成的关键阶段，注重引导孩子养成勤俭奋斗、厉行节约的好习惯，让孩子更加健康、快乐地成长。

了解孩子

进入六年级，孩子已经具备一定的自我意识，但对生活的评判、对价值的衡量标准还比较模糊。事实上，孩子之所以出现盲目攀比、铺张浪费的现象，主要是因为他们还不能清晰地认识节约与浪费的界限，无法正确使用金钱满足自己的需求。这主要体现在以下几个方面。

一、得到太容易，勤俭节约的意识淡薄。

受到日益优越的生活条件的影响，大多数孩子生活在无忧无虑的环境中。商店里琳琅满目的商品对孩子都充满了诱惑。只要不是很过分的，家长大多也都会及时满足孩子的欲望和需求。对孩子来说，他们的获得总是显得那么容易，这使得孩子无法体验生活的艰辛，进而体会不到勤俭节约的重要性。在有的家庭里，家长还会向孩子灌输“金钱就是万能”的错误思想，让孩子产生了“我家很富裕，我想要什么就有什么”的心理。久而久之，有的孩子甚至会觉得既然家长已经提供了一切，那么勤俭节约没有什么必要。这都不利于孩子的健康成长。

二、只懂花销，不知金钱来之不易。

进入六年级，孩子不再像小的时候对物质的需求较少。除了基本的生活必需品，六年级的孩子开始重视自我的想法和需求，并有意识地关注这些用品的造型是否漂亮新潮、价值是否名贵。此外，他们还会提出一些娱乐方面的需求，如购买音乐播放器、游戏机甚至手机等。为了满足这些方面的需求，孩子只能依靠家长帮忙支付相应的费用。这样的消费行为让孩子没有深入地了解金钱的来源，也不知道父母工作挣钱的艰辛。因此，在家庭教育中，家长应该主动向孩子传达“劳动是换取报酬的正确途径”的教育意识和理念，引导孩子通过努力和付出获得满足欲望的机会和权利，而不是一味地花销，忽视了对金钱的正确认识。

三、容易受到身边人群消费观念影响。

对孩子来说，他们是消费者，不是生产者。他们学习、生活所需要的物品和费用都是由家长提供的。所以，孩子的勤俭节约意识和金钱消费观念很多时候是受家庭或其他外在因素影响的。父母在工作生活中应持有勤俭节约的观念，穿着简单得体即可，不刻意追求名牌和款式，并注重物尽其用，不轻易丢弃。在父母这样的态度和做法影响下，孩子在生活上也会主动发扬勤俭节约的好作风。反之，家长铺张浪费、不合理消费，孩子也会看在眼里，现阶段或者以后也会有这样的表现。此外，因为孩子的思想认识具有极大的不稳定性，所以他们也很容易受到身边同学的影响。看到其他同学拥有好的东西或者新奇的物品，孩子往往会心生羡慕，并渴望得到。看到同学存在铺张浪费的情况，他们还没有很好的判断能力，不懂得劝说，有时甚至会被同化。

四、缺乏对金钱的管理和规划意识。

虽然孩子还没有能力创造财富，但是他们已具备支配金钱的能力。有的孩子甚至有了自己的“小金库”，如零花钱和压岁钱等。此外，孩子对数量较多的压岁钱往往会有强烈的自我支配愿望，不希望父母对他们压岁钱的使用进行干涉。然而，由于缺乏一定的生活经验和管理能力，对于这部分金钱，孩子们通常不太会有效地规划和合理地使用。比如，哪些是该买的，哪些是不该买的，大部分孩子不会过多地思考。在购买一些物品时，孩子一开始只是因为觉得好看就想买，而实际上并不需要，所以造成浪费。有的孩子甚至会用金钱满足自己不当的心愿，这不利于孩子形成正确的价值观，对孩子的健康成长有消极影响。

进入六年级，孩子对生活有了自己的看法，但他们的认识还比较粗浅，思想也并不稳定，容易受到成长环境的影响。因此，作为家长，我们需要主动倾听孩子的心声，了解孩子对待勤俭节约的态度，引导孩子学会理性、合理地消费，从而帮助孩子树立正确的消费观，并最终养成勤俭节约的好习惯。

1. 我吃穿不愁，没必要勤俭节约。

爷爷奶奶总让我不要浪费，衣服都过时了，让我继续穿，这多难看啊！直接让爸爸妈妈再给我买一件新款的不就成了？我们家又不缺这点儿钱。

2. 父母负责挣钱，我负责使用就好了。

我想买一个名牌电话手表。我的同学都有了，我也想要一个。我现在还小，理财不关我的事。父母挣钱就是用来花的，没有必要存起来。

3. 幸福生活来之不易，我要学会珍惜。

虽然现在生活好了，但是我们也不能铺张浪费，要懂得珍惜和感恩。爸爸妈妈每天工作那么辛苦，很晚才回到家，我应该帮他们分担一些家务，多为他们着想。

随着生活条件不断改善，勤俭节约不一定就是穿破旧的衣服，也不一定就是不吃不喝，而是倡导节约资源、合理利用的理念。在家庭教育过程中，家长可以主动与孩子分享工作中的感受，让孩子体会劳动的艰辛，引导孩子从生活的点滴做起，真正把勤俭节约融入日常生活中。无论何时，勤俭节约的思想教育对孩子来说都是十分必要的。

实施指南

随着生活水平不断提高，六年级的孩子对金钱的观念依然不强，有的孩子还会错误地认为金钱得来毫不费工夫，没有养成勤俭节约的良好习惯。无论时代如何发展，好传统都需要不断延续。勤俭与立身的关系密切，孩子只有养成勤俭节约的好习惯，才能为他们走进社会，并在社会上立足打下良好的基础。为此，家长可以尝试采取以下几个行动策略，以更好地指导自己在教育孩子过程中的言行。

◆ 策略一：勤俭节约，从我做起，从小事抓起。

六年级的孩子已经逐渐长大，他们开始有独立自主的意识。为此，家长需要引导孩子掌握一定的生活技能，教给孩子一些节约的妙招，帮助孩子养成勤俭节约的好习惯。

1. 家长从自身做起，成为孩子的榜样。

在家庭生活中，家长坚持做到勤奋劳作，珍惜资源，不铺张浪费。准备饭菜时，家长切实根据人数定量制作，并提倡“光盘行动”。在外就餐时，若有吃不完的食物，家长可以主动打包。此外，家庭的采购、开支也要合理，家长可以综合考虑家庭的实际需求，并通过货比三家，选择性价比高的物品，而不刻意追求潮流和品牌。只有家长从自身做起，让勤俭节约融入生活的点点滴滴，才能真正为孩子树立良好的榜样。

2. 主动给孩子传授节俭小妙招。

在实际生活中，家长可以提醒孩子注重生活的细节。比如，离开房间时，记得关灯，不开长明灯；洗手时，尽量把水龙头拧小一点儿；洗菜水可以用来浇花、冲厕所，循环利用水资源；打印过的纸背面可以用来做草稿；动手和孩子一起利用废旧物品制作手工作品，变废为宝，美化生活……作为家长，我们需要把这些节约的小妙招教给孩子，让良好的家风和传统代代相传。

3. 正面引导，避免攀比。

当孩子在生活中出现铺张浪费、与人攀比的苗头，家长可以主动将有关“勤俭立身”的名人名言张贴在家中的醒目位置，主动与孩子分享名人勤俭节约的故事，让孩子主动意识到节俭的重要性，并通过日常的观察和了解，及时地引导与纠正孩子的不良行为表现。此外，家长还可以和孩子就身边的浪费、攀比现象进行深入的探讨和交流，听听孩子的看法，并及时提出家长的意见和建议，让孩子在平等的交流中获得更加深刻的感悟，从而重视对勤俭节约品质的培养和发展。

◆ 策略二：勤俭节约，改变观念，体验得来不易。

1. 勤俭节约并不是苦了孩子。

时代在变，但是传统不变，勤俭节约依然是中华民族的美德。作为家长，我们需要转变自己的观念，不要认为生活水平高了，不能让孩子吃苦，应该给予他们最好的生活条件。我们依然要创造条件让孩子体验和感受劳动成果的来之不易，教会孩子懂得珍惜和感恩，并主动与孩子分享祖辈勤俭持家的家风故事，让孩子知道勤俭节约的好习惯必须代代相传。

2. 给予孩子直观感受和体验。

在实际生活中，家长可以让孩子主动参与家庭的相关事务，虽然六年级的孩子尚未成年，但是他们有责任、有义务为家庭分担。在与孩子的沟通中，家长可以主动告诉孩子每个月的收入、家庭的月开支，以及具体的工作内容、需要付出的努力等，让孩子更清晰地知晓与体谅父母的辛苦，从而增强勤俭节约的自主意识。

中国人民公安大学李玫瑾教授曾经说过一个事例：一个孩子沉迷于网络，开出租车的妈妈在学校门外贴了一张悬赏告示，上面写着“如果谁能帮助我儿子戒掉网瘾，就给他奖励一万元”。后来，李教授了解到这个情况，就跟这个妈妈说：“您不需要发悬赏告示，只要您每天出车的时候把儿子带上，让他坐在车里，看着您一天如何工作就好了。”

由此可见，现实生活就是教育孩子最好的教材。通过体会父母工作的艰辛不易，孩子自然会为自己的不良行为感到羞愧，从而主动改变和调整自己的言行，并在实践中主动注重节俭。

3. 勤俭节约，你我齐宣传。

勤俭节约的美德需要大力弘扬。作为社会公民，除了自己要做到合理使用、不浪费资源，我们还应该主动承担宣传的责任和义务。在现实生活中，家长可以带着孩子走进社区，通过“大手拉小手”积极地宣传勤俭节约的理念，并和孩子一起制作宣传海报，以图文并茂的方式，向社区的住户宣传节约小妙招，号召更多的人共同行动起来珍惜资源，养成勤俭节约的好习惯，主动营造“节约最光荣”的浓厚氛围。通过积极参与宣传勤俭节约的公益活动，孩子可以更加深刻地认识勤俭节约的意义和价值，并把节俭意识融入日常的生活。

◆ 策略三：培养孩子正确的金钱观念，取之有道、用之有法。

>>> 1. 家长不要忌讳和孩子谈钱。

通常来说，善于使用金钱的人能够让自己和家人的生活变得更加幸福。但是，有的家长会持有这样的观点：孩子还小，他们需要的物品，家长都可以为他们买好，孩子并不需要拿钱；从小就接触钱，孩子容易形成“金钱至上”的观念。这样的观点是不正确的，不利于孩子形成对金钱的正确认识，更无法做到合理使用。

其实，在生活中，家长可以给孩子提供自主支配金钱的机会。比如，家长可以让孩子自己去买菜，列好购物清单，让他标注上单价和总价，算好结余。再如，在家庭外出旅行前，家长可以让孩子做好出行攻略，做好旅行的预算，想一想怎样才能更经济划算，又能够玩得舒心。此外，家长还可以给孩子准备一个记账本，把家庭日常的收入和开支记录下来，让孩子真切地了解家庭账单。久而久之，孩子自然会对合理支配金钱有更加深刻的认识，并能在实际生活中做到勤俭节约。

>>> 2. 定期给孩子一定的零花钱，与孩子约定通过努力换取报酬。

在家庭教育中，家长可以引导和鼓励孩子多注意生活细节，为孩子创造获取金钱的机会。家长不妨尝试提醒孩子这样做：①主动把家里的废旧物品积攒起来，拿到回收站换取一些零花钱。②积极参加义卖活动，把家里的闲置物品拿去售卖，从而得到一些零花钱。③假期的时候，给孩子安排特殊的“打工”机会，和孩子一起进货、摆摊，让孩子赚取自己的劳动报酬……通过这些实践活动，孩子不仅可以真切地了解金钱的来源，而且能主动感受金钱的来之不易，从而在生活中懂得合理使用金钱，适当满足自己的需求。

>>> 3. 筹集“家庭公益基金”，引导孩子学会帮助他人。

在家庭生活中，家长可以每个月从工资中拿出一定的金额，并与孩子约定拿出一部分压岁钱，组成“家庭公益基金”。当身边或社会出现需要帮助的人，家长可以和孩子一起把“家庭公益基金”捐给需要帮助的人，并且让孩子给对方留言，写上给对方的祝福。通过这样的小小举动，孩子可以真切地体会到自己的努力给他人带来的快乐，从而更加注重节俭。

尽管现代社会正在高速发展，生活条件也越来越好，但是勤俭节约依然是需要代代相传的“传家宝”。正所谓：“静以修身，俭以养德。一粥一饭，当思来之不易；半丝半缕，恒念物力维艰。”作为家长，我们需要以身作则，主动珍惜资源，反对铺张浪费，和孩子一起践行理性的适度消费和低碳生活的理念，让孩子懂得勤俭节约的真正意义，不断增强自身的节俭意识。

反思与坚持
——在自我反思中进步，让特长在坚持中养成

案例分析

小霞是一名六年级的女孩。她4岁与戏曲结缘，十分喜爱粤剧，坚持了长达8年的时间。如今，她被评为省级年度“新时代好少年”。回看过往，为练好基本功，当其他孩子还在游乐场尽情玩耍的时候，小霞便在台下开始了冬练三九、夏练三伏的日子。无数次，因为练习粤语和唱腔，嘴巴里满是溃疡；无数次，因为粤剧头饰箍得太紧，额头周边满是淤青……在小霞每一次想放弃时，爸爸、妈妈的鼓励又让她咬紧牙关，她学会了坚持，最终打消了放弃的念头。在每日辛勤的练习结束后，爸爸或妈妈总会抽时间和小霞聊一聊，让小霞总结训练的得与失。因此，虽然碰到很多的困难，但是小霞都没有放弃自己的爱好和理想。在一次节日联欢晚会上，小霞的精彩表演赢得了满堂彩，后来她走出国门进行跨国文化传播交流，成为中外文化交流小使者……

父母的帮助以及小霞自身的不断反思、不断总结以及一路咬紧牙关的坚持，让小霞实现了从小确立的粤剧梦。小霞用自己的行动告诉我们这样一个道理：在追求梦想的道路上，我们只有懂得反思与坚持，才能牢牢抓住一切可能的机遇。

在这个案例中，我们可以看到小霞的成功除了源自她自身的努力，也离不开父母在她学艺道路上的相伴、支持与鼓励。在孩子的成长过程中，父母帮助孩子的方式不同，结果自然也不同。那么，家长应该如何做，才能更好地引导孩子学会反思与坚持，让孩子离成功更近呢？结合小霞的成功案例，我们不难看出小霞的父母主要做到了以下几点。

1. 主动了解孩子，并给予孩子及时的鼓励。

俗话说："良言一句三冬暖，恶言伤人六月寒。"不论是大人，还是孩子，都喜欢受到他人的表扬和鼓励。尤其对处在青春期初期的六年级孩子来说，家长的适时鼓励不仅体现了家长对孩子的了解，而且会让孩子更加清晰地认识自己，并健康地成长。反之，家长不经意间的一句批评或打击的话语，会让处于性格形成与发展关键阶段的孩子变得畏缩犹疑。

鼓励是家庭教育中比较重要的方法之一。每个孩子都需要被不断地鼓励，才能获得自信、勇气和上进心，这与植物必须每天浇水才能更好生长的道理其实是一样的。在案例中，每次在孩子想放弃的时候，小霞的父母能主动给予小霞适时、适度的鼓励，成功地帮助孩子重拾信心。这不仅仅是鼓励在发挥作用，更重要的是小霞的父母真正地了解孩子，知道何时、何种鼓励对孩子有效，最终让小霞学会了坚持。

2. 认真为孩子做好榜样，引导孩子及时总结。

在教育孩子的过程中，家长不仅要善于用讲道理的办法，同时也要学会利用自己的行为给孩子做出榜样。也就是说，家长既要重视言教，又要注意身教。家长只有把二者统一起来，才能使家庭教育产生良好的效果。列夫·托尔斯泰曾说："全部教育，或者说千分之九百九十九的教育都归结到榜样上，归结到父母自己的端正和完善上。"这便是育人先育己，每位家长都应牢牢记住这一点，这对完善孩子的人格有着至关重要的作用。

在案例中，小霞的父母每天都会抽时间与小霞进行交流，引导她总结每一天的得与失，让小霞养成自觉主动反思的好习惯，不断改进和提升自我。此外，在小霞坚持的同时，小霞的父母也在陪伴和坚持，为小霞做了良好的示范，对小霞的成长起到了引领的作用。

3. 父母双方在教育上保持高度一致。

在对孩子的培养教育上，夫妻双方应在认识上和行动上保持高度一致：在培养孩子的思路和具体做法上，夫妻应及时沟通达成共识；在承担教育孩子的义务和责任上，双方不应互相推诿，而是尽己所能，给孩子以最大的帮助。

在小霞与粤剧结缘之初，在小霞因练习戏曲的艰辛而想放弃之时，小霞的父母对孩子的鼓励与培养始终保持高度一致，让小霞获得了更多的动力，并更加自信地走向未来。因此，在家庭教育中，父母双方一定要共同承担教育孩子的任务，在教育中保持一致，让孩子在父母的合力教育下健康成长。

孩子在成长中会经历无数的困难与挫折。作为家长，在孩子遇到各种困难与挫折时，我们要懂得安慰孩子，引导孩子开心地享受过程，而不应该过多地关注结果，还要懂得给予孩子及时的鼓励，并用自己的行为让孩子学会坚持，从而保持乐观向上的心态面对成长的挑战和考验。此外，家长应针对孩子的具体问题给予具体的指导，引导孩子在反思中总结经验，以便更好地继续前行，促进自己的成长与发展。

了解孩子

六年级的孩子已经进入青春期的初期，有自己独立的人格，有自己的思想。站在从小学跨入初中的重要节点，大多数孩子都能沿着既定的目标和方向，主动把自己的全部精力和热情投入学习中，为取得优异的成绩而不懈努力。然而，有的孩子则出现情绪浮躁的情况。面对骤增的学业压力，他们开始对学习提不起兴趣，出现行为懒散、浑浑噩噩的现象，使得正常学习和健康成长受到严重影响。这时候，坚持往往成了孩子们最缺乏的品质。那么，为什么六年级的孩子无法做到坚持不懈呢？

一、家长的经常式打断，让孩子缺少专注力。

在实际生活中，家长会主观地觉得孩子所做的一些事情没有用，因此经常会在孩子做自己的事情时，毫无缘由地打断孩子。当孩子喜欢做的事经常被打断时，孩子渐渐失去了坚持的意识和主动性。缺乏专注力形成了一种惯性，使得孩子以后在遇到事情时，更没有办法坚持到最后。比如，明明看书看得很开心、很入迷，结果父母突然说要带他去逛街，就不再让孩子继续阅读了。家长经常这样打断孩子，迫使孩子去做另外的事，长此以往孩子会变得没有毅力，就更别谈坚持了。所以，家长不应该忽视生活的细节，而应该主动引导孩子注重细节，从日常的一言一行开始，把坚持融入生活的方方面面，让孩子克服多方困难，越过成长的鸿沟，进而成为更优秀的自己。

二、家长给孩子留的后路太多，让孩子缺少吃苦的毅力。

六年级的孩子没有太多的自制力，但是父母一定要控制住自己，不要总是因为心疼孩子就给他留后路。孩子的退路越多，他就越不知道坚持不懈、努力奋发。毕竟人都是有惰性的，当我们留有后路时，就不能专心致志地前行。

在家庭教育的过程中，作为孩子的第一任老师，父母一定不能给孩子留退路。有时候，父母给孩子的退路越多，孩子就越无法坚持，越容易选择放弃！有一位父亲说的一句话刷爆了朋友圈，他说：“有时候我们家长给了孩子太多退路，导致孩子把‘退缩’培养成了习惯。”

三、家长无法及时提供帮助，让孩子缺乏良好的感受。

任何一种学习都有难度、有挑战。家长都希望孩子能够扛得住挫折，不惧困难，坚持到底。然而，在实际生活中，孩子常常会在遇到挫折时就后退，甚至大发脾气，执意放弃。孩子的大脑容易受情绪的控制，当下的感受就是他们判断一件事情的主要依据。不仅如此，这种“感受”的积累，将形成大脑深层的记忆，从而影响孩子在未来遇到类似事情时对是前进还是后退产生潜意识的判断。因此，孩子愿意持续做一件事，“感受好”是非常重要的。当我们被问道：“孩子遇到困难时，您愿意帮助他吗？”我们肯定会不假思索地回答：会！然而，在实际的家庭教育中，家长大多时候却没能给孩子“我会随时得到爸爸、妈妈的帮助”的感受。

进入六年级，在面对难度增大的学科学习时，孩子难免会遇到困难与挫折。有的孩子能凭借自我的能力克服困难。但大多数孩子往往会陷入痛苦的纠缠中，找不到前进的方向。因此，家长需要适时倾听孩子内心的声音，从而更好地引导孩子走出成长的困境。

1. 消极逃避，轻言放弃。

算了，我已经很努力了。我也不想思考我为什么会失败，或许我真不是那块料。我还是趁早放弃吧。

2. 消极中庸，听之任之。

我都这么努力了，还不能成功。再多的反思也于事无补。其实这样也挺好的，这事儿能成就成，不成也就算了。

3. 积极进取，努力改进。

既然这条路走不通，我会再想想其他办法。接下来，我会认真分析失败的原因，找出解决问题的方法。只要我积极改进，我就一定能成功的。

每个孩子遇到困难时都想拥有一个积极的心态，都希望通过自己的努力就可以看到风雨后的那道彩虹。但是每个孩子遇到的困难都不同，关于解决的方法也没有什么手册、指导可遵循。这时候，家长需要给予孩子积极的关注，把孩子面临的问题像剥洋葱皮一样，一层一层地剥开，帮助孩子找到问题的根源。在了解症结所在后，家长便能对症下药，最终带领孩子走出生活的困境。如果家长习惯从外界找原因，从他人身上找原因，那么很遗憾，我们的孩子将永远无法生活在真实世界中。

实施指南

进入六年级，由于学习任务的增加、学习难度的提高，孩子必定会觉得比以前辛苦一些。这时候，家长需要鼓励孩子正视学习中遇到的困难，并与孩子共同寻找克服困难的办法，同时善于发现孩子的点滴进步，及时给予孩子应有的鼓励和表扬。为此，家长可以尝试做到以下几点，以便培养孩子主动反思与坚持的习惯。

◆ 策略一：根据孩子的实际情况，合理设定目标。

教育的目的就是让孩子认识到自己的价值，让父母认识到孩子的价值，双方学会共同珍惜。作为家长，我们须从孩子的实际出发，主动用心倾听、尊重孩子的个性、赏识孩子、了解孩子，从而更好地帮助孩子。六年级的孩子刚开始进入青春期。这时候，他们通常会比较敏感。尤其在二孩或三孩的家庭，孩子会没有安全感。因此，在这个时期，家长需要密切关注孩子的心理状态，给予孩子足够的安全感。在孩子面对小升初更繁重的课业负担时，家长需要及时给孩子提供帮助，引导孩子根据自身情况设定合理的目标，并告诉孩子“你能行的，要相信自己”。

六年级的孩子普遍不善于独立地给自己提出活动目的，他们的行动缺乏明确的目标，因而稍有困难就很难克服，也就谈不上坚持。作为家长，我们应帮助孩子确定行动目的，同时给孩子一点自由发挥的空间，培养他们做事先认清目的的习惯，并在其间观察孩子的长处和不足，加以引导。无论何时，家长都不应该给孩子难度过高的任务，避免孩子望而生畏，以致出现对抗或放弃的现象。

◆ 策略二：家长要做好榜样引领，引导孩子学会及时反思。

最好的教育来自父母的言传身教。对孩子来说，父母就是他们的第一任老师。孩子的成人成才很大程度上会受到家长的影响。因此，在日常生活中，家长必须注重自己的言行举止，注重对孩子的教育、引导。家长严于律己、持之以恒的品质能起到润物细无声的作用，让孩子经过长期的耳濡目染，在潜移默化中学会坚持。例如，家长如果让孩子在六年级就加强体育锻炼，孩子上了初中就更容易通过体育中考。为此，家长需要以身作则，坚持每天在固定的时间和孩子一起进行体育锻炼，如跑步、跳绳、练习跳远等，引导和激励孩子学会坚持。

孩子的许多行为举止都是需要家长慢慢培养的，自我教育的能力也是这样。孩子可能在最初时并不会进行自我教育，这时就需要家长及时引导。当孩子犯错时，父母不要一味地指责，而应该对孩子犯的错误抱有更多的理解和包容。此时，家长可以和孩子共同分析过错背后的原因，引导孩子说出自己错误的行为，让孩子学着自我反思，并及时调整自己的行为。只有这样，孩子才能在成长的道路走得顺、走得远。

◆ 策略三：正面积极鼓励孩子，引导孩子勇于直面困难。

孩子常常在行动时会遇到这样或那样难以克服的困难，从而影响了对行动的坚持。在孩子行动的过程中，家长可以给予孩子正面的鼓励，帮助他们克服困难，并坚持把每一件事做完。当孩子顺利地克服困难时，他们自然会充满信心，并在每一次的行动中做到坚持。

为此，家长可以巧用目标倒逼法。意志薄弱是六年级孩子普遍存在的一个问题。遇到挫折与困难时，孩子便想要逃避、放弃，缺乏迎难而上的勇气与决心。因此，家长可以尝试帮助孩子制定一些短期目标和长远目标，并且列出详细的实施计划，引导孩子逐个实践，并给予孩子及时的鼓励和赞扬。有了目标，孩子就会有方向，更容易激发斗志，并朝着目标不断努力。每一个短期小目标的实现都会促进孩子意志力的提升。此外，当孩子遇到困难时，家长除了给予孩子及时的开导和鼓励，还应主动向老师求助，运用科学的方法帮助孩子一起攻克难关，让孩子感受到成功的幸福与喜悦，从而激励孩子继续在前进的道路上勇攀高峰。

◆ 策略四：有效地陪伴孩子，帮助孩子缓解内心的压力。

六年级的孩子需要越来越多的个人空间。但家长有效的陪伴依然是孩子成长路上不可或缺的一部分。在实际生活中，家长可以通过亲子游戏、劳动、共同阅读或观影等活动，实现对孩子的有效陪伴，并在这些过程中有意识地培养孩子的坚持。

进入六年级，孩子面临的压力会越来越大。当孩子有压力的时候，家长需要深入了解和分析孩子选择半途而废的原因以及压力的具体来源等。家长只有做到心中有数，才能对症下药，帮助孩子正确应对压力。此外，家长还可以主动成为朋友这一角色，拉近与孩子的距离，让孩子在家庭生活中畅所欲言，与孩子真诚交流，从而有效地帮助孩子缓解内心的压力，并在不断努力的过程中学会坚持。

尽管升入了六年级，但孩子终归还是孩子，他们没有足够的韧性坚持完成每一件事情。这时候，家长应该给予他们帮助，让孩子明白坚持到底对成功的重要性，给孩子传授坚持的小妙招。久而久之，孩子自然能在做好事情的过程中学会坚持，从而获得更大的成功。

延伸拓展

一、阅读推荐

>> 1.《培养孩子的责任感》(编著：马一；出版单位：中国长安出版社)。

理由及建议：这是一本培养孩子责任感的实用型指导书。作者在书中引用了大量的生活事实和众多教育学界、心理学界的理念，能帮助家长重新审视和改正自己欠妥的教育方式。阅读时，家长可以重点关注本书的第一章和第二章，从中学会如何积极引导孩子树立责任意识，并在日常生活用实际行动让孩子逐渐明白什么是责任、怎样做才是有责任心等。

>> 2.《父母改变　孩子改变》(著者：张文质；出版单位：北京师范大学出版社)。

理由及建议：作为在中国基础教育和家庭教育领域有广泛影响的教育学者，作者的研究足迹遍布全国。阅读时，家长重点关注本书的第三篇“用健康的方式培养‘正常人’”。通过阅读这本书，家长可以对照自己的行为，努力调整自己，便于和孩子共同进步。

二、视频推荐

>> 纪录片《中国志愿者》

理由及建议：纪录片以纪念和弘扬中国志愿者们无私奉献精神为主题，真实地讲述了志愿者与人民群众之间难以忘怀的故事，反映了中国志愿者乐于助人、热心公益、扶助弱势、无私奉献的志愿精神。针对此纪录片，家长可以带领孩子按顺序逐一观看，也可以重点观看孩子感兴趣的主题或者人物事迹，并鼓励或带领孩子主动参加这些类似的志愿服务活动，培养孩子的社会责任感。

评估改进

一、自我评估

随着孩子不断成长，家长需要重视对孩子社会责任感的培养，引导和帮助孩子养成勤俭节约、反思与坚持的好习惯。那么，您对孩子在这些方面的教导是否到位、有效？下面，我们一起完成这个测试吧！

	是	否
① 您是否经常教育孩子长大以后要建设祖国？	□	□
② 您是否让孩子在家承担家务劳动？	□	□
③ 您是否要求孩子在规定的时间内完成相应的家务劳动？	□	□
④ 您是否针对孩子的家务劳动效果做出肯定和称赞？	□	□
⑤ 您是否向孩子推荐或者讲述过英雄模范的事迹？	□	□
⑥ 您是否带孩子去参加过各种形式的志愿服务？	□	□
⑦ 您认为参加社会志愿服务是否对孩子的人格培养有很大帮助？	□	□
⑧ 您家有节约小妙招吗？	□	□
⑨ 您外出吃饭，饭菜没有吃完，会打包吗？	□	□
⑩ 您会经常给孩子购买名牌衣服吗？	□	□
⑪ 孩子有没有自己的零花钱，他能够合理使用吗？	□	□
⑫ 您是否具有理性的消费观念呢？	□	□

	是	否
⑬ 您赞同孩子从小要学会理财吗？	□	□
⑭ 当孩子遇到困难向您求助时，您会马上帮忙吗？	□	□
⑮ 当孩子因无法融入兴趣课堂而想放弃时，您是否会引导孩子尝试在坚持中逐渐培养自身的兴趣呢？	□	□
⑯ 您是否有和孩子约定，长时间地坚持每天同一时间做同一件事？	□	□
⑰ 当孩子讲述他经过努力最终获得成功的经历时，您会认真倾听孩子的分享吗？	□	□
⑱ 您自己是否有每天坚持锻炼的习惯？	□	□

【评估参考】

A. 如果您选择8个以下“是”的话，说明您对培养孩子社会责任感，养成勤俭节约、反思与坚持好习惯教育意识还不够强，您需要调整一下，给孩子做好榜样。

B. 如果您选择了8～14个“是”的话，说明您已经意识到培养孩子社会责任感，能积极引导孩子养成勤俭节约、反思与坚持的好习惯，但仍需要继续努力。

C. 如果您选择15～18个“是”的话，说明您给孩子树立了榜样，并且给予孩子正确的指导。孩子在您的精心培养下，会逐渐成为笃行乐观的阳光少年。

二、改进计划

亲爱的家长，您好！阅读本专题后，您应该对如何帮助孩子在六年级养成良好的习惯、塑造高尚的人格有了更深刻的理解。下面请您结合实际，写出自己的改进计划，并逐项完成。

第三专题 幸福学习 主动发展

六年级是小学学习与生活中的最后一个阶段。随着孩子进入六年级，认知能力、思维能力和学习能力也会快速发展。在能力发展的过程中，由于学习习惯和发展水平的差异，一部分孩子的求知欲显著增强，他们对知识十分渴求，总有不甘落后、不服输的思想，能够自觉地学习；而一部分孩子则出现惰性，怕吃苦，或因为学习上的暂时“掉队”而丧失自信心，成绩出现较大滑坡；有些孩子甚至会因为协调不好各科的学习，出现偏科现象。

对孩子来说，小学六年级是人生的一个转折点，也是一个很微妙的变化期，更是一个很关键的成长期。在这个阶段，六年级孩子的学习情况是怎么样的呢？他们是否明确自己的学习目的、学习目标呢？对学习的态度又是如何呢？这些不仅是教师在教授孩子知识过程中需要重点关注的问题，而且是家长在家庭教育中不容忽视的关键点。

因此，家长需要根据这个阶段孩子的发展规律，引导孩子找到适合自己的学习方法，帮助孩子及时克服学习中的苦难和挫折。本专题围绕如何帮助孩子进行学习规划、如何根据孩子自身特点发展其特长以及如何激发孩子的学习动力等主题，为家长帮助孩子养成良好的学习习惯提供必要的指导，让孩子从心底爱上学习，在学习中享受到幸福与快乐。

学习规划

——为了实现理想，做好学习规划与学业管理

案例分析

小敏出生在某地一个小山村，她自幼喜欢学习书法，热爱古典诗词，传承中华民族优秀传统文化，10岁时被评为该地的“新时代好少年”。

熟悉小敏的人都知道她的父亲对她的影响极大。像所有孩子一样，小敏也喜欢玩耍，喜欢卡通游戏，向往外面的世界，但她更喜欢练字和看书。当酷爱书法的父亲练毛笔字时，年幼的小敏总会专心致志地观察父亲的每个动作，后来还主动向父亲提出要练毛笔字。发现孩子的爱好之后，小敏的父亲主动购买了古典读物，让小敏慢慢接触传统文化。练习书法时，小敏喜欢选取古诗词，也因此深深地爱上了古诗词。即使在父亲外出务工期间，小敏也没有放弃学习毛笔字，每天坚持练习40分钟，右手的中指被毛笔磨出了一个老茧。小敏的父亲被勤奋好学的女儿所感动，十分支持小敏读诗练字，并亲自指导她写诗。经过几年的不懈努力，她所作的诗常常被刊登在报纸上，她也成为报社的特聘通讯员。在2020年的征兵宣传工作中，她自告奋勇为村委会撰写征兵宣传标语20多条，以自身特长为国防宣传教育工作做出了小小的贡献。在学校和家庭的引导下，她把自身爱好和特长融入爱心活动，积极参加社会爱心实践活动，时常为村委会或群众义务书写宣传标语和对联，到敬老院为孤寡老人朗诵诗书，更被乡亲们称赞为深山里的“小秀才”。

在小敏被评为“新时代好少年”后，记者闻讯前去采访。小敏笑着告诉记者：“以后我还要继续学习，以更好的成绩回报爸爸妈妈和社会。”

看完这个案例，您是否也忍不住对其中的主人公小敏竖起大拇指

呢？小敏的学有所成与她远大的理想志向是分不开的，更离不开父亲的一路相伴。尽管小敏出生在农村，家境也并不富裕，但是父亲的帮助与引领，让小敏自主地做好学习规划与学业管理，让孩子真正成为学习的主人。

合理的学习规划是孩子实现理想的羽翼。家长只有真正认识到学习规划对孩子成长的重要性，才能在潜移默化中助力孩子的学业发展。然而，面对孩子即将升入中学的境况，有些家长并没有意识到学习规划对孩子由小学步入中学在角色转变上的重要性，从而没有在孩子的成长过程中很好地发挥引领作用。这主要体现在以下几个方面。

1. 不明确学习规划对孩子学习的重要性。

在学习规划方面，有些家长会把孩子升入中学的学习生活只当成一种“任务”，缺乏对学习目的的正确认识，只是简单地把学业进步寄托于外在因素。家长缺乏对孩子学习的针对性规划，使得孩子在学习过程中丧失了进取的方向与动力，从而没有真正体验到实现这些目标后的成就感。久而久之，孩子的学习热情就会逐渐减退，孩子甚至会出现厌学的现象。

2. 未能帮助孩子确立切实可行的学习规划。

进入六年级，孩子面临着前所未有的升学压力。学习的紧迫性让孩子和家长不免有所慌乱。然而，一些家长未能充分考虑孩子的基础和能力，没有从孩子的实际水平出发，为孩子制订了不切实际的学习规划，无法有效地激发孩子的内在潜能。因为学习规划目标不明确、要求不具体、操作性不强，孩子在实施规划的过程中遇到了重重困难，渐渐失去了前行的动力。

3. 未能尊重孩子的真实想法。

在现实生活中，尽管很多家长都能了解孩子在六年级的学习现状，但在制订学习规划时，他们依然习惯立即给孩子提要求、列计划、定目标，而忽略了孩子内心的想法，没有充分尊重孩子自己的意愿。在家长看来，这样的规划是“完美”的，但实则是越俎代庖，无法激发孩子确立学习目标的自主性，更无法调动孩子学习的自觉性和主动性。

作为家长，我们要清醒地认识到孩子的成长是一个系统的过程，每一步都不容忽视。合理的学习规划对孩子的高质量学习是很有必要的。因此，在帮助和指导孩子制订学习规划时，家长需要进行综合分析和思考，结合孩子的实际情况，既不能有太高的要求，让孩子觉得遥不可及而产生放弃的心理，也不能确立过低的目标，以免无法起到激发孩子潜能的作用。只有进行合理的学习规划，孩子才能在家长的有效指导下获得更大的学习动力，从而为实现自己的学习目标不断努力奋进。

了解孩子

进入六年级，孩子在生理和心理上都迈出了人生的一大步。他们对中学生活充满向往，但有时不愿付出更多的努力。尤其在六年级下学期，随着各种毕业活动的开展，大多数孩子开始变得浮躁，对未来的学习规划难免出现懈怠的思想。此时，孩子并没有真正懂得“通过完成一个个小目标，最终实现大目标”的道理。因为没有明确的学习目标，所以孩子在学习中渐渐变得漫无目的，进而无法体会到学习的意义。经过综合分析，我们发现六年级孩子对学习规划产生倦怠感主要有以下几个方面的原因。

一、个性特点鲜明，独立意识增强。

对六年级的孩子来说，他们进入了青春期的早期阶段，自主意识逐渐增强。这个阶段的孩子往往乐于发现和探索新自我。他们一方面对母校和老师充满感情，一方面又不满足于小学生活，开始向往进入新的学习环境。随着思维的独立性和批判性增强，孩子此时不希望被家长和老师当作小孩来看待。但是由于独立处理人际关系和其他实际问题的思想还不成熟，情感的实践性和坚持性较差，大多数孩子仍然需要家长和老师的监督。因此，在学业管理方面，这一时期的孩子非常需要外在帮助，尤其是来自家长的指导。

二、容易产生学习焦虑。

进入六年级，孩子普遍存在学习焦虑的问题。由于小学生和初中生在心理和生理上的差异，他们在思维特点和学习方法上会存在很大的不同。发展心理学认为，小学生思维的基本特征是从具体的形象思维向抽象的逻辑思维过渡，但这种抽象逻辑思维在很大程度上仍然比较感性，依然带有较为明显的具象特征。面对学习的新任务和新要求，六年级的孩子在心理上有着不同的压力。他们往往会感到学习的不适应，自信心容易受到打击，甚至出现迷茫、焦虑、厌学的情绪。因此，学习上的焦虑使孩子无法自主地制订科学、合理的学习规划。

三、意志力不坚定。

对六年级的孩子来说，分析问题的能力还在发展中。设定目标以后，孩子常常会害怕失败；遇到困难和挫折时，孩子又容易灰心。这个时期的孩子仍然处于外部监督期，需要家长和老师的约束。一旦外部监督力量被撤销，一些怕吃苦的孩子就不免会选择“安于现状”。有些孩子不愿意从一点一滴的小事做起，对待自己的学习任务也无法做到“今日事，今日毕”。比如，不能按时完成当天的学习任务，很难坚持每天记五个外语单词……长此以往，孩子的意志力就会逐渐减弱。因此，意志力不坚定也让孩子的学习规划难以实施。这时候，家长可以提醒孩子“千万别松懈”“咬咬牙，坚持下去”“决不能半途而废”，引导和鼓励孩子逐渐形成“不怕苦、不怕难、知难而进、始终如一”的意志品质。

四、判断力不足。

升入六年级，孩子与社会的接触更广泛了，吸收的信息也更多了，但选择和处理信息的能力还明显不足，无法进行正确的判断和辨析。在这个阶段，孩子的认知水平还不够高，想法比较单一，缺乏足够的判断力，有时会表现得比较固执，从而成为家长眼中的“小叛逆”。由于判断力不足，在面对备选目标时，孩子出现选择困难的情况。他们甚至不知道应该如何进行分析、比较和判断。例如，有的孩子因为看到一些网红、主播、流量明星很容易就能在互联网上获取收益，于是他们自顾自地把“我不要这么辛苦地学习，我长大后也要做明星、做主播……”当作自己的人生规划，这无疑是孩子健康成长路上的一块绊脚石。

六年级是孩子在成长过程中的关键阶段。尽管孩子会因为内在发展的不成熟和外部因素的干扰而对学习规划产生一定的倦怠感，但是孩子向往未来和追求理想的心依然很炙热。为了更好地帮助孩子消除心中的倦怠感，家长不仅需要充分把握孩子在这个阶段的成长特点，而且需要适时倾听孩子的真实想法，进一步明确孩子的实际需求，以便更有针对性地引导孩子制订符合实际的学习规划。

1. 请给我一点自由的空间。

我希望爸爸妈妈能多站在我的角度思考问题，主动给我一点自由的空间。我并非什么都不懂，而是会在不断的实践与探索中更好地认识自我，并获得成长。因此，请爸爸妈妈能让我按自己喜欢的方式发展，不要再给我增加负担了。

2. 难以做情绪的主人。

焦虑、自责、冲动等情绪让我难以成为管理情绪的小主人。与朋友产生矛盾时，我会感到伤心，总会想是不是我做错了，是不是我对朋友的态度不好；成绩不理想时，我十分讨厌自己，总会觉得自己太笨了；受到批评时，我会憎恶自己……希望父母能理解和包容我，并给我及时的帮助和指导。

六年级是孩子生理和心理发育的重要时期，也是孩子人生发展的奠基时期，此时打下的教育基础将影响每个孩子的一生。进入六年级，孩子的个性尚未定型，还有较大的可塑性。但是由于受到教育水平的限制或家庭社会不良环境的影响，六年级的孩子在个性发展上会出现不同程度的偏差甚至倒退。因此，家长要重视孩子在六年级的心理问题，密切关注孩子的心理变化，引导孩子好好学习的同时，也能保持健康的心理状态，从而在学习规划的制订中做到有的放矢。

实施指南

对六年级的孩子来说，宽松、温馨的家庭氛围对孩子做好学习规划至关重要。面对处在青春期初期的孩子，家长要主动倾听孩子的观点，平等探讨，从解决问题的角度分析问题，从“我的孩子”转变为“我的朋友”。

当然，家长还需要明确一点：孩子自身的学习能力才是最重要的竞争力。在小升初的关键阶段，家长需要帮助孩子做好自信心的建设，其中较为关键的就是指导孩子科学、有序地规划在六年级的学习生活。为了让孩子能更好地完成小升初的过渡，顺利接受初中的学习，家长需要引导孩子提前做好学习规划。为此，家长可以尝试从以下几个方面入手。

◆ 策略一：帮助孩子正确认识自己。

》》 1. 密切关注孩子的心理健康。

无论是在心理上，还是在生理上，六年级的孩子都在发生着重大的变化。对此，家长可以尝试这样做：①家长需要在思想教育上给予充分的重视，并通过制订合理有效的学习规划，引导孩子向健康的方向发展。②家长还要重视孩子的心理健康教育。当孩子因心理上的变化而出现各种困扰时，家长应给予及时的疏导，既关心孩子的生活，也认真倾听孩子的心声，让孩子在父母的这份亲情关爱中感到温暖。③家长要重视对孩子的陪伴。这会让孩子在六年级学习的道路上感觉自己并不孤单，从而更容易获得继续前进的勇气、信心和动力，进而感受到学习的快乐和喜悦，为顺利进入中学生活打下良好的基础。

因此，随着孩子年龄的增长，家长在家庭教育中可以主动给孩子创造更多的自我表现机会，让孩子充分展示自我的个性，发展自我的特长，在活动中不断地认识自我，从而满足孩子“自我发展”的需要，进而促进孩子的学习。

》》 2. 主动分析孩子的学习特点。

从六年级上学期开始，语文、数学、外语等学科的学习难度有所加大。为了更好地应对各学科的学习，孩子需要在这个阶段学会基本的学习方法和技巧，以便应对各学科的问题，为适应初中的学习做好准备。为此，家长可以从指导孩子确立学习目标入手。一方面，家长要详细分析孩子的学习特点和学习情况。比如，孩子是善于记忆，还是遗忘太快；做题时，孩子是认真细致，还是经常粗心大意；孩子学习的弱点在哪里，长项又有哪些；孩子对哪些学科知识掌握得较好，哪些学科还有进步的空间等。另一方面，家长需要与孩子共同分析现阶段的学习情况，让孩子在家长的逐步引导中学会自我剖析和反思，避免孩子陷入“当局者迷”的境况。通过主动分析孩子的学习特点，家长可以更有效地帮助孩子确立自己的学习目标，让孩子拥有更明确的发展方向，并不断努力奋斗。

因此，在孩子的成长过程中，家长要主动扮演“引路人”的角色，适时从旁指引，让孩子真正地认识自己，主动制订符合自己实际的人生规划，使家庭教育达到事半功倍的效果。

◆ 策略二：尊重孩子，转交学习的主动权。

尽管进入了六年级，但是孩子的自我克制能力尚不成熟，仍然需要家长科学而理性地管束。但家长应该让这样的管束充满亲情、人性化，而不应该把孩子当作私有财产任意修理或摆布，更不应该采用简单粗暴的命令式，毫不顾及和尊重孩子的想法和人格。此外，作为未成年人，六年级孩子更是会把家长视为靠山，所以合理的管教与关怀会让孩子有安全感和被支持感。遇到问题或陷入困境时，孩子会主动向家长求助。然而，有的家长平时对孩子的一切（如学业、表现、爱好等）过于听之任之，这虽然给了孩子更多的自由，但让孩子容易错误地认为家长对自己“不在乎”而变得日益疏远。

因此，家长需要在一定的自由范围内给予孩子充分的尊重。对六年级的孩子来说，他们才是学习目标制定和实施的主体，所以家长应该充分尊重孩子的意愿，做孩子确立学习目标的启发者，而不是包办者。为了更好地实现学习目标，家长可以引导孩子做好学习计划，即合理安排常规学习的时间和自由学习的时间。一般来说，常规学习时间就是学校规定的学习时间，主要用于完成当天的学习任务，消化所学的知识。自由学习时间是孩子完成老师布置的学习任务后，所剩下的可供自己支配的时间。在制订学习计划时，家长应允许孩子把自由学习时间列为重要的一部分，让孩子学会自主管理和支配时间，懂得提高常规学习的效率，增加自由学习的时间，从而使学习的主动权掌握在孩子的手中。

◆ 策略三：学习规划要切实可行。

在了解孩子的真实想法后，家长可以和孩子共同制订学习规划。在这个过程中，家长要从实际出发，不能脱离孩子的学习实际。为此，我们需要注意以下几个方面。

> 》 1. 充分考虑孩子的基础和能力。

在现实生活中，每个孩子学习的实际情况都不一样，学习规划的重点和要求也要有所不同。因此，在引导孩子制订学习规划时，家长必须从孩子的实际水平出发，制定切实可行的目标，让孩子“跳一跳就能摘到桃子”，不断激发孩子的内在潜能。

> 》 2. 目标要明确，要求要具体，操作性要强。

为了更好地指导孩子沿着既定的学习目标不断奋斗，家长需要引导孩子树立正确的学习目的。通常来说，正确的学习目的是正确学习动机的反映，也是推动学生主动积极学习和克服困难的内在动力。比如，家长可以与孩子这样约定：在下一次测试中，某一学科的成绩能进步2～3个名次；每天完成10～20个单词的记忆；作业错误数控制在3～5个等。有了具体的要求，家长和孩子才能对照检查目标的落实情况，从而促进孩子的学习。

因此，要制订一个对学习有指导意义的规划，家长必须从实际出发，也就是要实事求是地摸清孩子的学习情况，从孩子实际掌握的知识层次出发。在实际操作的过程中，家长可以帮助孩子进一步明确目标和要求，增强孩子执行规划的自主性，不断激发孩子实现目标的内在驱动力。

◆ 策略四：指引孩子学会分解目标。

过于遥远和庞大的学习目标往往难以激发孩子的主动性。此时，家长可以引导孩子把大目标分解成一个个小目标，甚至可以把这样的小目标融入每天的学习计划中，让孩子脚踏实地向前迈进。比如，当孩子做题太粗心时，家长不应该要求孩子一次就改好，而是可以先与孩子约定每次的错题不超过三道，然后再到每次不超过两道错题，以此类推。

通过把目标分解成一个个容易实现的小目标，然后将其各个击破，孩子才会在循序渐进中获得进步，并体验到“成功的感觉”，以此强化孩子的自信心，推动孩子不断改进和提升自我，进而稳步地发掘潜能实现下一个更大的目标。在实现一个个小目标的过程中，孩子始终感到成功离他很近，做事就不会半途而废，更容易实现最终的大目标。

◆ 策略五：帮助孩子适时修正规划并坚持到底。

>>> 1. 及时检查学习效果，适时修正规划。

六年级孩子的学习经验毕竟有限，所制定的目标在执行实践中会遇到一定的困难。此时，家长可以利用自己的经验，引导孩子适时修正自己的学习规划，合理调整学习目标。

事实上，每一个学习规划执行结束或执行到一个阶段，家长应该提醒孩子及时检查学习效果。如果效果不好，家长应该主动与孩子分析原因，并进行必要的调整。检查内容可以包括：规划中的学习任务是否完成，是不是按既定的规划进行，没有完成规划的原因，安排不合理的细节……检查后，家长和孩子共同修订学习规划，及时调整不科学、不合理的地方。如果孩子有写日记、做手账、打卡的习惯，那么家长可以鼓励孩子把学习规划的完成情况认真记录下来，为自我改进和提升提供有价值的参考。

对六年级的孩子来说，一份适合自己的学习规划不仅能够提高孩子的学习效率，而且能让孩子掌握一定的学习方法，使得孩子升入初中后的学习更加轻松。

>>> 2. 鼓励孩子坚持到底。

在引导孩子制订合理的学习规划后，有的家长会认为自己的任务已经完成了，于是让孩子自行操控目标的落实。然而，孩子的各方面能力还不成熟，容易受到各种因素的影响，所以家长对孩子时刻自觉遵守约定的期望是不现实的。这时候，家长对孩子学习目标的督促、检查是非常必要的。家长的及时提醒可以帮助孩子及时消除思想上、行动上的懈怠，同时家长的鼓励可以让孩子明白“做事不可半途而废”的道理，从而在过程中坚持到底，直至目标达成。

知识的积累需要一个过程，孩子的成长进步更需要家长耐心地等待。无论孩子现在处于何种学习状况，家长都应该引导孩子制订适当的学习规划，让孩子主动与昨天的自己进行比较，促进孩子的自我反思，并且给予孩子及时的鼓励、表扬，让孩子感受到自己的每一个小成功、每一点小进步给家长带来的自豪感，从而激励孩子为实现更大的目标而不断奋发向上。

发展特长

——把兴趣发展为特长，把特长发展为理想

案例分析

在第二十一届世界杯足球赛中，虽然中国队没有参加，但我们看到12名中国护旗手出现在赛场上，其中包括两名年仅12岁的六年级孩子志刚和王宁。他们从众多青少年足球爱好者中脱颖而出，被国际足联选定，以护旗手的身份登上了世界杯舞台。

记者在采访中了解到，这两个孩子从一年级就“走上”了足球道路。志刚的父亲告诉记者，其实儿子最先接触的是乒乓球，但是学了一阵子就觉得不合适。于是，志刚的父亲带着儿子来到足球场。宽广的场地以及队友合作踢球的形式，让志刚瞬间喜欢上了这项运动。与志刚相似的是，王宁也是因为受到父亲的影响而喜欢上了足球。就读幼儿园时，王宁的爸爸便带着王宁到足球场看球赛。在父亲的言传身教下，王宁也渐渐喜欢上足球，并且加入了学校的足球队。随着王宁的成长以及足球“功力”的递增，父子俩每个周末都会一起踢球，可谓“上阵父子兵”。

从俄罗斯回来后，当记者询问志刚和王宁今后的理想是什么时，这两个六年级孩子都不约而同地表示，此次世界杯之旅让爱好足球的他们加深了对足球的热爱。他们说：“希望以后能加入足球职业队，最大的

梦想当然是能进入国家队，代表中国参加世界杯。”而且他们决定在进入初中后继续踢球，继续追逐自己的足球之梦。这两个孩子的父亲也非常支持孩子的想法。

从上述案例中，家长们不难发现，这两个孩子的成长都离不开家长的引导和培养。在他们的成长过程中，两位家长善于观察，及时调整，从发展孩子的特长入手，进而帮助孩子实现其人生理想。

进入六年级，孩子已养成一些基本的学习习惯。这时，孩子们对学科的兴趣以及对其他活动的敏感度也是一目了然的。孩子对什么感兴趣，对什么不感兴趣；学什么学得快，学什么学不会……作为家长，我们只要留心观察，一定会有所收获和发现。那么，家长应该如何发现和培养孩子的兴趣特长？

1. 提供机会，善于发现。

在现实生活中，很多家长在没有真正了解孩子的喜好或兴趣特长的情况下，急于给孩子报名参加各种各样的兴趣特长班，期待着能从中发现孩子的才能。然而，这样的做法往往事与愿违。

事实上，在孩子成长的过程中，家长应该善于发现孩子的兴趣点，让孩子坚持学习的同时，不断拓展对兴趣的培养，而不应该让孩子在各种兴趣特长培训班间漫无目的地徘徊，这不仅让孩子感到疲累，甚至会因此失去原有的兴趣。在上述案例中，两位父亲的做法就充分体现了提供机会与善于发现对发展孩子兴趣特长的促进作用。

2. 注意观察，长期关注。

家庭生活中，家长可以在与孩子相处的过程中注意观察孩子是否有长期喜欢的事物和活动。比如，有的孩子喜欢拼装和拆解，有的孩子喜欢球类运动。但大多数孩子的好奇心并不是持久的，很有可能只是“三分钟热度”。

因此，作为家长，我们应该注重孩子兴趣的长期性，而不是简单地注意孩子一时的喜好。在上述案例中，两位父亲在发现孩子们对足球的喜好后，并没有让孩子即刻接受足球训练，而是在日积月累中主动引导孩子学会坚持，从而真正把兴趣发展成特长。

3. 尊重孩子，正向引导。

在实际生活中，很多家长觉得孩子表现不好会给自己“丢脸”，所以急忙扼杀了孩子刚刚萌芽的兴趣。比如，有些孩子喜欢唱歌，但是唱得并不那么好听，于是家长便不让孩子唱歌，而是让孩子学习美术，拒绝了孩子想要表现自己才能的愿望。

其实，作为家长，我们应该给孩子多一点机会展现自己的才能，并适时给予孩子应有的鼓励，引导孩子在兴趣爱好的培养和发展中学会坚持。对孩子来说，拥有一项或多项特长对他们未来的学习、工作和生活是非常有意义和价值的。在兴趣特长的指引下，孩子长大后能更好地适应社会，从而在丰富多彩的生活中真正体会人生的乐趣。

著名滑雪运动员谷爱凌拥有一个智慧的妈妈——谷燕。一开始，谷燕内心深处并不太支持女儿学自由滑雪，因为腾空翻转实在太危险了！但在谷燕的教育理念中，她依然认为孩子应当追求自己感兴趣的东西。而谷爱凌对滑雪有着极大的热情。于是，谷燕把对孩子的担忧默默深藏于心底，在行动上给予女儿足够的支持，成为女儿坚强的后盾。在一次采访中，谷爱凌曾说道：“后来家人发现我特别热爱这个运动，知道滑雪给我带来的快乐是无穷的，所以他们就非常支持我。”

每一个孩子都有着与生俱来的禀赋，而要发挥这种禀赋对孩子成长的作用，关键在于发现、训练和开发。美国教育家杜威曾说：“兴趣是生长中的能力的信号和象征。”

作为家长，我们应该善于从孩子的一言一行中发现他们的潜质，并为他们提供宽松、愉悦的成长氛围，采用孩子乐于接受的游戏形式有意识地培养和挖掘孩子的兴趣特长，并在孩子的成长过程中不断给予鼓励和支持，让孩子真正为实现自己的理想而努力奋斗！

了解孩子

进入六年级，孩子仍处在人生观、世界观形成的初级阶段。这时候，他们具有强烈的求知欲、广泛的兴趣，对新鲜的事物有着极强的好奇心和探索欲。这为孩子在六年级培养和发展兴趣特长奠定了良好的基础。

然而，由于缺乏社会实践经验和足够的辨别能力，孩子在这一阶段的思想免疫力较弱，看问题容易带有片面性和表面性，并对周围人给予的评价非常敏感。他人随意的一句话或不经意的评价都会让孩子的内心出现很大的情绪波动和应激反应，以致孩子对自我价值产生动摇。尤其在遇到挫折和失败时，孩子往往会走向另一个极端，变得灰心丧气、怯懦自卑，从而失去坚持发展兴趣特长的毅力和恒心。

经过综合分析，我们发现这一时期的孩子在发展兴趣特长方面主要有以下三种类型。

一、目标明确型。

升入六年级，不少孩子实际上已基本形成了自己的兴趣专长。有些孩子甚至已经可以参加国际、国内的比赛，并取得不错的成绩。这一类孩子往往会自觉或在家长的引导下以自己的特长作为抓手，及时树立自己的远大理想，进而激发自己的学习动力。比如，爱好唱歌的孩子希望自己将来可以成为歌唱家，爱好踢足球的孩子则希望自己能成为像马拉多纳或罗纳尔多一样优秀的足球运动员……上述案例中的两位主人公——志刚和王宁，就属于这一类孩子。他们会在家长的正确引导下，把兴趣发展成特长，进而变成自己的人生理想。对这类孩子来说，即使未来充满挑战，他们也会感到幸福和快乐。

二、不稳定型。

尽管进入了六年级，但是有些孩子的思想还不够成熟。他们的注意力和兴趣的兴奋点都处在不稳定期。遇到困难时，他们很容易放弃当初的兴趣，或者容易被更好玩的事物所吸引而喜新厌旧。因此，这类孩子追求的目标往往不够稳定，会出现“今天喜欢唱歌，明天喜欢跳舞；或者今天喜欢画画，明天喜欢足球”等兴趣波动和迁移。

俗话说：“少年多志，理想多变。”这类孩子很容易在学校要求与社会思潮或家长意见不一致时，感到困惑和烦恼。尤其在社会信息良莠难辨的情况下，他们更容易受到错误思想观念的暗示和影响，出现跟风和效仿他人的现象。因此，作为家长，我们需要以积极的心态，给予孩子更多的关注和帮助，引导以他们原有的特长为抓手，帮助他们树立远大的理想，从而激发他们的学习内驱力，鼓励他们朝着梦想努力前行。

三、无想法型。

面对自己在六年级的学习压力和即将升入初中的未知，有的孩子会变得迷茫。他们会对自己的兴趣特长没有特别的想法，更找不到提升自己的动力。这类孩子最让老师和家长担忧。与前两类孩子相比，他们往往因长期得不到父母或其他长辈的关注，失去发掘和培养兴趣爱好的动力。一旦家庭出现变故或遭遇挫折，这一类孩子最容易受到外在因素的影响，因而养成不良的习惯，甚至步入歧途。

对于这类孩子，家长需要时不时停下匆忙的脚步，关注孩子的日常言行，主动发现并引导孩子发展自己的特长，并在他们的心底播下小小的梦想种子，让孩子沿着自己的目标不断奋力拼搏。

六年级是孩子发展兴趣特长的关键阶段。当孩子找到适合自己的一项或多项特长，他们会对未来充满信心。反之，孩子会找不到人生的方向。因此，作为家长，我们需要走进孩子的内心，主动感受和理解孩子的真实想法和需求，并结合孩子的成长特点给予足够的帮助和支持，成为孩子追梦路上的陪伴者和推动者。

1. 请尊重我的人生选择。

我很喜欢唱歌，而且我现在就是学校合唱团的领唱。我的理想就是成为一名音乐特长生。长大后，我或许会当一名音乐老师。到了中学，如果学校有合唱团，我也要报名参加。我希望父母亲能尊重我的人生选择，而不是总以影响学习为由阻止我发展兴趣特长。

2. 请给我多一点信任。

我对任何事情从来都不是“三分钟热度”，所以我想充分利用小学阶段仅剩的假期，认真思考我的兴趣爱好，然后主动参加兴趣班或课余培训。我相信我能在老师的帮助下真正掌握一两项个人的兴趣特长。希望爸爸妈妈能多给我一点信任。

3. 请给我适当的帮助和指导。

说真的，我都不知道我喜欢什么，更不知道怎样才能培养属于自己的兴趣特长。虽然我觉得电脑游戏很好玩，但是我不可能以打游戏为生。小学生活马上就要结束了，可我却没有什么个人专长。这可如何是好？希望父母能与我共同分析一下，尽快帮我找到适合自己的兴趣爱好吧！

六年级的孩子处在由小学过渡到中学的特殊阶段，并已经初步具备独立意识和自我意识。这个阶段，除了尊重孩子的选择，家长还要积极营造良好的家庭氛围，以身作则，带动孩子以兴趣特长为导向，鼓励孩子积极参加或有意识地为孩子安排一些健康、有意义的课余活动，更好地激发孩子的兴趣，进而推动特长的培养和发展，让孩子在学习之余能真正感受生活的快乐！

实施指南

每个孩子都有自己的天赋。实际上，六年级的孩子已经开始凸显特长，所以家长可以根据孩子的日常表现和喜好特点加以指引，让孩子把兴趣培养成特长、把爱好发展为天赋。有人采访了许多“学霸”，询问他们关于兴趣学习的心得，得到的基本都是一个统一观点：“因为喜欢啊，喜欢自然就会学好。”这样一句话其实就是一直以来我们所倡导的一个理念——兴趣是学习的原动力，能激发学习的主观能动性，能让人乐此不疲，能让人专注地投入。为了更好地帮助孩子培养和发展兴趣特长，家长可以尝试在家庭教育生活中做到以下几点。

◆ 策略一：选择适合发挥孩子长处的兴趣进行学习。

俗话说：“龙生九子，各有不同。”在家庭教育中，面对自己的孩子，家长不应该一味从宠爱的角度，认为自己的孩子是最优秀的，是无所不能的。家长首先要意识到孩子是一个独立的个体，需要在后天的学习环境中，不断成长和提升。同时，自己的孩子与其他孩子之间也具有差异，两者不仅生理基础不同，而且家庭生活的背景不同，所以会出现千差万别的情况。基于此，在教育孩子时，家长自然不能生搬硬套他人的教育方法，不应该持有“别人家的孩子怎样，自己的孩子就该如何”的观念。

因此，作为家长，我们需要主动从孩子的个性出发，找到真正适合他们的方式，从而让孩子的兴趣得以发展，特长得以凸显，最终成为人生的优势。发现孩子的爱好和特长仅仅是一个开始，关键在于引导和培养。一旦确认孩子在某方面的特长，家长需要引导孩子主动释放特长，并制订长远的规划，一步一步地提高，使其不断发展。无论何时，家长都应该在注重孩子全面发展的基础上，尽量发挥孩子的特长，并根据孩子不同的个性与特长，有的放矢地进行引导。这样才能够真正激发孩子的天性，从而挖掘孩子的潜力，使孩子成为独一无二的个体，从而帮助孩子实现心中的目标。

◆ 策略二：营造良好的家庭氛围，激发孩子的学习动机。

在孩子成长的过程中，家长可以主动为孩子营造一个和谐的家庭氛围，在平和的家庭教育中对孩子因材施教，积极地引导孩子把兴趣发展成特长，从而在学习的路上走得更远。文学巨匠鲁迅先生曾说："读书人家的孩子熟悉笔墨，木匠家的孩子会玩斧凿，兵家儿早识刀枪。"鲁迅先生小时候生活的家庭环境就有一种很好的文学氛围，于是他从小熟读李白、白居易、陆游等人的诗，以及中国古典名著《西游记》等，这些为他后来走上文学之路奠定了坚实的基础。

作为家长，我们可以尝试这样做：①提高自身的艺术修养，用自身的行为积极地影响孩子。比如，家长可以经常带领孩子阅读与中华古典文化相关的书籍，主动向孩子讲述书中有意思的故事，使孩子对阅读产生亲近感，从而不断激发孩子的阅读兴趣。②给孩子营造一个和谐的、稳定的学习氛围，刺激孩子对某些事物的兴趣，并鼓励孩子为之坚持。对于谷爱凌广泛的兴趣爱好，如钢琴、芭蕾、写作、长跑、篮球、骑马等，妈妈谷燕都大力支持。谷爱凌的妈妈对女儿有母亲的关怀与照顾，更有如朋友一般的信任与支持。从母亲那里感受到的爱意，让谷爱凌拥有了对事物的热爱之情与专注之性，母亲对于运动的热爱与言传身教，引领谷爱凌走上滑雪的道路。

由此可见，在培养孩子的兴趣爱好时，家长需要为孩子创造良好的成长环境，主动激发孩子的学习动机，帮助孩子迈出向特长发展的第一步。

◆ 策略三：引导孩子对爱好和特长持之以恒。

通常来说，孩子对一件事物的好奇心往往会随着时间的推移而逐渐减弱。进入六年级，孩子对培养和发展兴趣特长的主动性仍然不足，自觉性也不够。这就需要家长的引导和督促。为此，家长可以根据孩子的条件来确定自己的兴趣和方向，但并非孩子一旦确立了对某一事物的兴趣，便再也不能改变。家长还应该主动关注孩子的变化，适时进行相应的调整，让孩子在动态的发展中找到自己的专长。当然，随着孩子对自己所从事的事情有了深入的了解，他们也可能发现自己当初的选择并不适合自己。这时候，家长要当机立断，及时中止孩子的错误选择，并与孩子共同分析自身的条件，重新考虑孩子的兴趣、爱好，以求从别的方面获得更好的发展。

美国心理学教授安吉拉·达科沃斯通过研究发现，一个人即便具备了天赋，如果他缺乏坚持的毅力，也不一定能学好。因此，除了帮助孩子发现、培养和调整自身的兴趣爱好，家长还应有意识地引导孩子阅读故事绘本，让孩子在阅读中主动思考付出与回报之间的关系，明白坚持的意义，并在生活中培养他们坚毅的品质。毕竟任何一项才艺的培养和兴趣的坚持都需要付出不懈的努力。

当然，家长还要充分考虑孩子自身的情况，以及孩子所处的成长阶段，积极地顺应孩子的爱好发展其特长，而不是盲目地跟风，让孩子深陷兴趣培养的旋涡，找不到自己奋斗的目标，毕竟“鱼和熊掌不可兼得”。

无论是学业的学习，还是兴趣特长的培养与发展，孩子并没有什么捷径可走。家长无论选择何种方法，采用何种手段帮助孩子，目的都是让孩子拥有一个更好的未来。在这个过程中，家长千万不能本末倒置，一味地让孩子为了学习而学习，而应该以理性的思维和发展的眼光看待孩子的成长与变化，从而有的放矢地给予孩子更有效的指导，以便达到预期的效果。日本教育家木村久一曾说：“如果孩子的兴趣和热情一开始就得到顺利发展，大多数孩子将会成为英才。”因此，作为家长，我们需要积极顺应孩子的成长趋势，在孩子成长的道路上给予他们积极的引导和鼓励，让孩子有一个更好的未来。

学习动力
——正向引导，迁移兴趣，激发孩子的内驱力

案例分析

小林就读于某小学六年级，曾是一名活泼开朗、积极向上的女孩子。从小学一年级至三年级，小林能积极主动地学习，在课堂上也很认真听讲。在学校组织的各种体育竞赛中，小林也积极参加，并取得优异的成绩。

但随着年龄的增长，小林渐渐地找不到学习的动力。特别是在新型冠状病毒肺炎疫情暴发的那个漫长寒假，小林更是沉迷于手机，成绩一落千丈。学校复课后，小林每天上学都会迟到。即使到了学校，小林在课堂上也总会打瞌睡，课后也不主动完成老师布置的练习。经过与孩子的谈话沟通，班主任得知小林之所以变成这样，除了缺乏父母的管教，主要是因为小林不明白自己为什么要辛苦地学习，所以产生了怠学、厌学的心理。

对六年级的孩子来说，经过从幼儿园到小学前五年的训练，他们初步养成了良好的学习习惯。站在小升初的人生路口时，大多数孩子也能更加积极地投入学习中。当然，有的孩子进入青春期后突然变得与众不同，如不喜欢上学、不做家庭作业，并且表现叛逆等。这往往会让许多家长感到惊讶和担心。但其实，孩子们追求进步的心是没有改变的。孩子之所以找不到学习的动力，出现厌学的心理，主要还是因为孩子缺少学习道路上的智慧引领者。这大致体现在以下几个方面。

1. 家长没有正确认识和及时肯定孩子的优点。

在实际生活中，大多数的家长都会认为“我做的一切都是为了孩子”，但没有深究自己所做的事是否符合孩子的需要。《少年说》这档节目对许多家长来说并不陌生。在某一期节目中，女儿吐槽妈妈“什么都觉得别人家的孩子好”。但妈妈却坚持认为自己对女儿的评价是客观的，把自己的女儿和别人比，比的是好的学习习惯和好的学习方法。可是，母女对话最终以女儿伤心转身离场而结束。

在家庭教育中，作为家长，我们往往过于重视孩子所取得的成果，而忽视了孩子在过程中所付出的努力。有的家长甚至会习惯把自己的孩子与别人的孩子进行对比，总是希望孩子能像班级的第一名那样取得好成绩，这大大挫伤了孩子的自尊心和自信心。因此，对六年级的孩子来说，家长没有认识和肯定孩子的优点是孩子失去学习动力的关键因素。

2. 家长对孩子的管控过于严格。

在教育孩子的过程中，有的家长会抱着“不管不教就变坏”的观念，经常对孩子提出严苛的要求。比如，有的家长会要求孩子每天自己步行上下学，并规定了路上所需要的具体时间。一旦孩子超过时间界限，家长就会对孩子进行打骂，以显示家长的威严。有的家长在晚饭后，立即要求孩子必须在规定时间内完成老师布置的作业。当孩子想外出玩耍时，有的家长甚至要求孩子必须征得全家人的同意。这样的管教方式不仅限制了孩子对自我的管理，而且容易让孩子产生逆反心理，完全不利于孩子健康、快乐地成长。作为家长，我们应该注意把握管教的力度，做到松紧结合，让孩子在感受家长的关爱和包容时，懂得感恩并更加主动地努力学习。

3. 家长未能帮助孩子明确学习目的。

进入六年级，有的孩子之所以失去学习的动力，大多是因为家长没有在孩子成长的关键阶段发挥应有的引导作用，使得孩子找不到自己的学习目的，更没有自主学习的意识。这主要体现为以下两种极端的情况。

①家长只顾着赚钱，不主动关心孩子的成长，觉得“孩子学习好就行，其他的衣食住行都不用操心”，导致孩子和父母之间缺乏足够的交流。

久而久之，除了学校的知识“学习”，孩子不知道自己还应该了解和学习哪些知识，无法体会学习的乐趣。

②家长比较懒散，不重视知识的学习，只是为了活着。这种生活态度会给孩子的人生观、价值观带来极大的负面影响，最终导致孩子不愿意学习。

正是因为有些人鼓吹“读书无用论”，无形中让孩子产生“与其这么辛苦地读书，还不如参加电竞比赛或做个小主播，以便快速获得可自行支配的收入”的错误心理。因此，作为家长，我们应该根据孩子在六年级的成长特点和需求，及时引导孩子明确自己的学习目的，并主动培养孩子自主学习的意识，让孩子真正地学会学习，充满干劲！

4. 家长未能引导孩子正确处理紧张的人际关系。

进入六年级，孩子尽管已经具备了一定的判断力和处理问题的能力，但面对自己与老师或同学之间的紧张关系时，大多数孩子往往会感到迷茫、沮丧而自暴自弃。在这样的氛围影响下，孩子自然无法全身心地投入学习中。然而，很多家长则轻描淡写地对孩子说：“做好自己的事就行了，朋友总会有的。”受到家长这种教育思想的影响，孩子渐渐也觉得学习是无所谓的，进而开始出现懈怠，甚至放弃的心理。当然，有的孩子会主动寻求缓和关系的方法，重新建立和谐的人际关系，进而促进自己的学习。

俗话说：“亲其师，信其道。”一个孩子如果喜欢他的任课老师，那么他在这位老师所教的学科中的表现会很好；反之，如果孩子不喜欢他的任课老师，那他在该学科上的表现将会下降。因此，家长要在关键的时刻帮助孩子正确认识和处理自己与老师或同学间的紧张关系，让孩子在和谐、稳定的情绪氛围中幸福学习、快乐成长。

不同阶段的学生有不同的学习动机。因此，在家庭教育过程中，家长应该结合孩子的学习特点，给予孩子精心的、积极的指导，让孩子主动学会学习，并持之以恒，避免一味地说教和粗暴地管教。只有这样，孩子才会在成长的道路上获得源源不断的动力，进而实现自己的学习目标，让成功离自己更近。

了解孩子

进入六年级，面临着难度增大的学科知识，以及小升初的压力和挑战，孩子难免会出现一定的懈怠心理或畏难情绪。与小学的前五个年级相比，孩子在六年级学习中的疲倦感会更加突出。这主要有以下几个方面的影响因素。

一、学习和痛苦紧密关联。

纵观孩子在小学阶段的学习现状，在家庭、学校和社会的多重压力下，相当一部分的孩子不喜欢学习，甚至觉得学习是痛苦的。因为不少家长喜欢揪着孩子的错误讲道理或一味地批评，让孩子感到疲惫不堪。比如，孩子考试漏做了一道题时，有的家长就会向孩子提出“为什么漏做？”“叫你细心一点，你就不听！”“做完后你肯定没有好好检查”等一连串的质问。这无疑加重了孩子在学习上的负重感。

其实，当发现自己在考试中漏做题目时，孩子已经在心里进行了自我检讨，并也为此感到后悔不已。这时候，家长应该以开明的态度主动与孩子分析漏做题的原因，给孩子分享考试的方法和技巧，让孩子感受到家长的关心、包容和理解，而不应该给孩子施加过多责备和说教。只有这样，孩子才会在不断成长过程中改进和提升自己，进而真正体会到学习的乐趣。

二、学习过程全程监控。

在现代社会快速发展的趋势下，家长往往会对孩子的学习倾注十二分的心思和精力，使得学习成了亲子交流中不可或缺的话题。在有些家庭里，即使孩子在做作业，家长也会在边上全程陪同，有的家长甚至会帮孩子读题目；或者当孩子遇到不会的题目时，家长还会通过上网查阅资料，然后把答案告诉孩子。

其实，从长远来看，家长这样的帮助反而让孩子失去自主思考的能力，对孩子自主学习能力的提升产生消极的影响。陪伴并不等同于监控，更不是事无巨细地包办。家长只有正确地陪伴、适时地监督，才能与孩子建立良好的亲子关系，才能为孩子的学习提供源源不断的动力。

三、学习内容不断加码。

在实际的家庭教育中，我们会遇到这样的情况：当孩子完成了老师在学校布置的练习后，家长见不得孩子闲下来，于是以巩固为由让孩子继续完成相关的练习题或试卷册。尽管孩子按要求完成了这些新增的任务，但是如果还没到睡觉的时间，家长还会让孩子背诵一首古诗当作放松。虽然我们不能完全否定这样的家庭教育做法，但是家长的过度加码无疑加重了孩子学习的压力，容易激起孩子的逆反心理。

事实上，我们并不反对家长给孩子适当地增加一些学习任务，但是要有针对性、有选择性，不能“萝卜、青菜”全包。此外，家长也要考虑到孩子的感受，不能让孩子因此失去对学习的兴趣和动力。

四、家长忽略孩子付出努力的过程。

随着生活节奏不断加快，很多家长往往会被工作和生活的事情占用了大部分的时间，无法拥有足够的时间和孩子相处。与此同时，家长忽视了很多“小问题”，尤其是孩子努力的过程，而只看到成绩这个“大问题”，让孩子不明白“读书到底为了什么”。实际上，家长应该更多地关注孩子的美德、快乐和健康，并给予孩子及时的帮助，引导孩子树立远大理想，激发孩子的求知欲和学习的内在动力。

通常来说，每一个孩子对学习都有着与生俱来的动力和能力，他们都是渴望进步和成功的。作为家长，我们应该主动接纳孩子、尊重孩子，在家庭教育中多一些耐心，并主动倾听孩子内心真实的声音，用良好的情绪和正确的方法引导孩子的成长。

1. 关心我的内心想法，行不行？

当考试没考好时，我原本就很难过了。其实，我也很努力地学习，每天都认真地完成老师布置的作业。但是当我带着成绩不理想的试卷回到家时，父母并没有给我一点安慰和鼓励，而是气愤地说："你怎么这么笨！都是同一个老师教的，为什么人家可以考满分，你才考八十多分，真是太丢人了。"这让我很痛苦、很难受。

2. 可以在行动上帮一下我吗？

我觉得学习很辛苦！每天都有做不完的作业。旧知识还没来得及消化，就又开始学习新的知识。除了关注我的考试成绩，爸爸妈妈没有给予我在学习上的指导，这让我觉得学习很痛苦。所以有时候我在想"网红们不是也没读什么书，却有不错的收入"，所以读书到底是为了什么呢？

3. 不要讲这么伤自尊的话，可以吗？

其实不是我不想学，而是我听不懂老师在课堂上所讲的内容。当我向爸爸妈妈寻求帮助时，他们总是会说："你上课干什么去了？"尤其当我考试成绩不理想时，他们就会抱怨地说着"为什么不仔细审题，怎么这么粗心""整天就玩手机，不用心学习"等话语。这让我感到很无助。为什么爸爸妈妈就不能心平气和地和我一起分析原因，共同寻求改进的方法呢？

其实，孩子的学习不仅需要自身努力，而且需要家长大力支持和正确引导。当孩子升入六年级，家长对孩子的关心不应只是成绩，而应该教育孩子学会劳逸结合，让孩子在较为繁重的学习任务中感受生活的乐趣，以便更好地激发孩子学习的内在驱动力，让孩子在松紧有度的家庭教育中快乐地成长。

实施指南

进入六年级，孩子在学习上或多或少都会有点懈怠或出现畏难情绪，但他们并不是天生讨厌学习，而是容易受到成长环境的影响。因此，家长可以尝试从以下几个方面帮助孩子找到学习的动力。

◆ 策略一：主动引导孩子关注任课老师的优点。

在与孩子的沟通、交流中，家长可以积极与孩子分享任课教师的教学成果、获奖情况，以及老师对学生的关心与付出，引导孩子发现和关注老师的长处，从而加深孩子对老师的了解，进一步增强孩子对老师的认同感。通常来说，当孩子对任课教师有好感，他们就会更加尊重老师的付出，在课堂上专心听从老师的教导，主动地理解和吸收老师教授的知识，并做到不懂就问、力争上游。

当然，孩子对学科的热爱也会因为老师对他们的关爱与呵护而得到升华，转化为孩子主动努力学习的动力。因此，家长不仅要善于培养孩子对学科的兴趣，而且要懂得引导孩子主动关注老师的优点，让孩子在这样的双效作用下更加奋力地学习，并为取得令自己、家人和老师满意的成绩而不断努力奋斗。

◆ **策略二：培养孩子对学科关联的探索能力，激发学习兴趣。**

俗话说："兴趣是最好的老师。"天文学家张衡从小就喜欢数星星。他发现有的星星出现后，一会儿就消失了。于是他沿着北斗星的方向，观察星星从天黑到凌晨的变化。这样的兴趣激发了他探索未知的欲望和好奇心。之后，随着求知欲的不断增强，他主动查阅了大量的资料，并认真研究相关学科的内在联系，最终发明了地动仪、浑天仪等天文仪器。

由此可见，兴趣固然是孩子爱上学习的重要影响因素，但进入六年级，孩子会因为学习难度的增加而出现一定的倦怠。为了帮助孩子克服学习上的心理厌倦，家长可以运用思维导图的方式与孩子共同讨论不同学科之间的内在联系，让孩子感到学习的内容并不是孤立的，并在实践中不断加强自我的探索，激发孩子的求知欲，让孩子对学习充满信心和希望，并为之不断努力奋斗。

◆ **策略三：适时鼓励与赞扬，让孩子在学习中有成就感。**

随着自我意识的发展，六年级的孩子渴望得到他人的认可与肯定，尤其是家长的鼓励与赞赏。孩子的学习动力不仅源自对学习的热爱，更源于在学习中所获得的成就感。当孩子在学习中有了成就感，他自然会愿意在这个领域继续探索。

因此，在家庭教育过程中，家长可以在孩子完成一定的任务后，及时给予孩子适当的夸奖与鼓励。比如，当孩子认真打扫了家里的卫生或者帮忙打理种在阳台的植物时，家长应该及时对孩子说："你真棒！"这样鼓励的话语表达不只是家长对孩子的认可，更多的是让孩子体会到自己在学习实践中的成就。当然，家长鼓励孩子的时候一定要是内心的真实表现。毕竟孩子的内心都比较敏感，如果家长只是做个样子，随便说说，孩子会感到难过、失望而不再积极投入其中。所以，家长适时而真诚的鼓励与赞扬会让孩子感受到学习的成就感，从而获得努力学习、自主学习的动力，进而促进自己的学习。

◆ 策略四：注重有计划地学习，不宜给孩子过多的压力。

进入六年级，随着学习内容的难度增加，孩子势必需要花费更多的时间和精力在家庭作业上。由于学习能力的不同，有的孩子花的时间长，有的孩子花的时间短。有的家长看到孩子完成作业的效率高，就自行给孩子安排其他的学习任务，占据了孩子自由支配的时间，让孩子长期处在高度紧张的状态；而有的家长发现孩子需要花费大量的时间在学习上，就开始抱怨孩子不会学习，甚至说出挫伤孩子自尊心和自信心的话，如“你怎么这么笨”“这么简单都不懂吗”。这两种做法不仅不会帮助孩子提高学习成绩，反而会让孩子对学习产生反感或厌恶的情绪。

作为家长，我们应该主动站在孩子的角度，认真分析孩子学习的特点，主动与孩子共同寻找合适的学习方法，并与孩子共同制订可行的学习计划，同时积极地引导孩子学会在有限的时间内完成相应的学习任务，增强孩子的时间管理意识和能力。其实，当孩子按计划完成相应的任务时，家长可以给予孩子适当的鼓励，并让孩子有可以自由支配的时间，促进孩子对自我的认识和探索。任何临时的“加码”无疑会增加孩子的压力，不利于孩子的成长。当孩子无法按计划完成相关的任务时，家长也要主动调整自己的心态，帮助孩子分析其中的原因，并寻求改进和提升的方法，帮助孩子不断提高学习效率。家长的抱怨或责骂都会打击孩子学习的积极性，从而让孩子失去对学习的欲望和动力。

◆ 策略五：家长主动做好表率，言传身教。

在家庭教育中，家长可以用自己对事业的进取精神不断影响孩子。进入六年级，许多孩子会感到迷茫，但他们的一言一行绝大部分是主动效仿家长行为表现的结果。可以说，家长的言传身教会影响着孩子，而家长不断奋进的工作态度同样会让孩子的学习态度更加积极、乐观。

因此，作为家长，我们可以用自己积极上进的言行影响孩子，帮助孩子树立积极向上的人生目标，用目标激励孩子不断努力学习，而不是用简单空洞的说教。在实际生活中，家长应该对工作少一些抱怨，为孩子树立进取向上的精神面貌。当然，家长可以主动与孩子分享自己在工作中的感受和体会，尤其是如何克服困难圆满完成了某项工作。

每个孩子并非天生讨厌学习，而是对学习有着属于自己的认知和天赋。在教育孩子的过程中，家长不应该“依葫芦画瓢”，照搬他人的教育方式，而应该从帮助孩子成长的角度出发，主动分析孩子的成长规律和学习特点，有目的、有计划地引导孩子正确认识学习的意义和价值，共同探寻符合孩子实际的学习方法，并适时给予孩子应有的鼓励，不断唤醒和激发孩子的学习内驱力，从而让孩子真正学会自主学习，并在过程中不断改进和提升自我，进而促进孩子幸福学习、快乐成长。

延伸拓展

一、阅读推荐

进入六年级，孩子在学习上面临着所未有的挑战。作为家长，我们需要加强自身的学习，掌握科学的学习方法，并在家庭教育的过程中给孩子提供切实有效的指导。为此，我们给大家推荐几本与孩子学习的书籍，希望家长可以从中有所收获。

›› 1.《培养孩子的学习力》(著者：王金海；出版单位：北京燕山出版社)。

理由及建议：这是一本有理论、有方法、易操作的学习养成指南。孩子不爱学习，家长该懂的教育法则都在书里！阅读本书，您一定会对“孩子为什么讨厌学习？怎么才能让孩子主动学习、喜欢学习”“如何发展孩子的学习动力、清除孩子的学习阻力、提升孩子的学习能力”等问题有全新的认识。家长可以自己先阅读本书，了解书中的主要观点后，再与孩子围绕具体问题进行分析，并挑选相应章节与孩子共读，从而让孩子爱上学习。

> >> 2.《快发现孩子的天赋》(著者：任宪法；出版单位：机械工业出版社)。

理由及建议：本书围绕“只要顺应天赋，每个孩子都能做最好的自己”这一主题，对如何相信每个孩子都有天赋，如何发现孩子的天赋、培养孩子的天赋，以及如何成就孩子的天赋进行全面的阐述。书中的文字浅显易懂，轻松自然。阅读时，家长可以重点关注书中所使用的案例和极具操作性的教育方法，并从书中的教育观点找到符合自己的教育理念。

> >> 3.《如何说　孩子才肯学》(作者：[美]阿黛尔·法伯、[美]伊莱恩·玛兹丽施等；插图：[美]肯伯利·安·蔻；译者：霍雨佳；出版单位：中央编译出版社)。

理由及建议：这是一本引进版权翻译出版的亲子教育图书。作者在长期的亲子沟通研究培训中，积累和发现了大量与孩子有效沟通的方法和技巧。在实际中，他们运用这些已经被广泛验证的方法和技巧，成功地激励孩子进行自我监督、自我约束，最大限度地激发了孩子的学习自觉性和主动性。阅读时，家长可以认真研读第一章和第二章。通过阅读本书，我们可以清晰地认识到家长只有让自己成为孩子愿意倾诉和表达的对象，才能真正走进孩子的内心，成为孩子前进道路上的指引者。

二、视频推荐

> >> 电影《阿甘正传》

理由及建议：影片中，阿甘是一位先天智障的孩子。在学校里，为了躲避其他同学的欺辱，他听从一个朋友珍妮的话，开始“跑”。后来，他发现自己有跑步的优势，于是把这个潜能不断激发，最后通过自己的坚持和努力，成为橄榄球巨星、越战英雄。为了达到更好的教育效果，家长与孩子共同观看这部电影。观影结束后，家长可以和孩子讨论阿甘取得成功的关键，分享彼此的观点和看法，引导孩子主动认识自身潜能，不断增强自信心，提高自身的学习动力。

评估改进

一、自我评估

孩子的学习动力源自孩子的内心，内在驱动力才是孩子努力学习的源泉。那么，您有没有真正走进孩子的内心激励和引导孩子学习呢？下面，我们一起完成这个测试吧！

	是	否
① 您是否认同合理地进行学习规划对孩子的学习有帮助？	□	□
② 您是否了解孩子的学习规划？	□	□
③ 对于孩子的学习，您是否不只关注成绩？	□	□
④ 您是否认同“顺应孩子的天赋可以激发其潜能”的说法？	□	□
⑤ 您是否支持您的孩子发展其兴趣爱好？	□	□
⑥ 如果您孩子的兴趣爱好与学校的正常学习有冲突时，您是否主动引导孩子学会平衡和兼顾？	□	□
⑦ 您是否关注孩子自主安排课余生活的情况？	□	□
⑧ 您是否了解孩子在课余生活中最能坚持做的事情？	□	□
⑨ 您是否能指出孩子除学习外的其他优点？	□	□
⑩ 您是否认为您的孩子爱学习？	□	□
⑪ 您是否知道您的孩子最喜欢的学科？	□	□
⑫ 您是否知道您的孩子最喜欢某一门学科的原因？	□	□
⑬ 您是否重视孩子的学习？	□	□
⑭ 您是否常常和孩子聊学校的事，倾听孩子的看法？	□	□
⑮ 您是否常常和孩子聊一聊您工作或生活中的烦恼和喜悦，同时倾听孩子的看法？	□	□

	是	否
⑯ 您是否认同如今的孩子们学习压力也很大?	□	□
⑰ 您是否认同当孩子的学习有进步时，家长的肯定与鼓励比奖励孩子金钱还重要?	□	□
⑱ 当孩子向您表达他不想做某一件事时，您是否有耐心倾听孩子的想法?	□	□
⑲ 当孩子向您表达他不想做某一件事时，您是否会在倾听的基础上耐心地和孩子沟通，尝试引导孩子改变主意?	□	□
⑳ 您是否坚信孩子是会成功的，不管他现在是什么样子?	□	□

【评估参考】

A. 如果您选择10个及10个以下“是”，那么说明您还没有尝试走进孩子的内心去帮助引导孩子解决学习动力源问题。

B. 如果您选择11～16个“是”，那么说明您已经有意识地对孩子进行正面引导，但还未形成系统的认识，今后仍需努力提升对孩子学习的理解，及时帮助孩子克服学习中的困难。

C. 如果您选择17个及17个以上“是”，那么说明您是一名优秀家长，您真正从引导孩子的内驱力入手，有效地激发了孩子的学习动力，请您继续保持与发扬。

二、改进计划

亲爱的家长，您好！阅读本专题后，您应该对如何指导孩子在六年级的学习有了更全面的认识。下面请您结合实际，写出自己的改进计划，并逐项完成。

六年级下册

第四专题 真诚友善 推己及人

随着成人感的产生，独立意识的不断增强，六年级的孩子进入了心理学上所说的第二次“心理断乳期”，孩子从心理上渴望摆脱对父母的依赖，表现出对父母的反抗。因此，“心理断乳期”又称为“第二反抗期”。

此时，孩子开始以挑剔的眼光、批判的态度重新审视、评价父母。在孩子的眼里，父母不再是绝对的权威。此外，孩子也对事物开始有自己的判断和感受：有的为了显示自己的个性而固执己见，甚至和父母顶嘴，对父母的观点表示轻视；有的在家里沉闷不言，不愿跟父母待在一块，甚至以离家出走威胁父母；有的对异性的好感开始萌动，进入交往的矛盾期；有的面临升学，会不由自主地产生压力和焦虑，严重时无法控制自己的行为。

尽管个性正在逐步形成，六年级的孩子依然需要父母，尤其需要父母提供的物质生活条件、情感支持和行为指导等。可见，家庭仍然是青春期孩子身心栖息的温暖港湾。因此，随着孩子进入六年级，父母需要用更多的智慧和爱陪伴孩子，与孩子建立友善关系，给孩子树立更多的行动榜样，少说多做、畅通沟通渠道，教会孩子正确面对青春期的情感萌动，帮助孩子明确与异性交往的界限，并能够推己及人，学会自我克制和自我保护，拒绝校园暴力。

少说多做
——少唠叨、多观察，与孩子建立良好的亲子关系

进入六年级，孩子已经逐渐长大，有了自己的判断能力。家长的千叮咛、万嘱咐反而会让孩子反感。这时候，家长应该给孩子多一点信任和空间，让孩子自主地安排学习与生活。当然，家长还要多观察、主动沟通，在必要的时候给予孩子及时的引导，从而建立良好的亲子关系。

案例分析

多年来，君君家的早晨一直是这样的景象。妈妈早早地起来，一边收拾房间，一边为君君准备早餐。早上6：30，妈妈会准时把牛奶、鸡蛋、云吞等各式早餐端上桌，接着一遍一遍地叫君君起床。不知妈妈叫了多少遍，一直到快7：00了，君君才懒洋洋地起身，胡乱地刷刷牙，抹两把脸，就坐到饭桌前用最快的速度对付早餐。这时，妈妈在为他叠被子，收拾凌乱的衣服、物品，嘴里还不停地唠叨着："看看你，老是把东西弄得乱七八糟，一点儿也不让人省心；每天叫你起床都得喊破嗓子；吃个早餐，还这么狼吞虎咽，胃怎么受得了；要是你能早点起床，就不用这么紧张，也不会老是迟到挨批评了……"

君君对妈妈的话充耳不闻，只顾着把早餐填进肚子，用手抹抹嘴，急忙抓起妈妈帮他整理好的书包，转身就往外走。妈妈追在君君的身后喊着："着什么急呀，就吃这么几口呀，一上午的课呢，会饿的。哎，上学的东西都带齐了吗，别又落点儿什么，每天得让人提醒也不上心……"

等妈妈追到门口，君君已经没影儿了。妈妈站在门边，无可奈何地摇着头："我这是造的什么孽呀，每天为他一顿忙活，结果他连理都不

理就走了……"

从上述案例中，我们可以看到在与孩子的相处过程中，父母总会不由自主地表现得比较唠叨，这不知不知觉也成了父母在教育孩子时常见的错误。做父母的事无巨细、无微不至地"关怀"着孩子，每天把叮咛嘱咐时时刻刻挂在嘴边。父母很累、很辛苦，但孩子却往往不领情。之所以会造成这样的结果，主要是源于以下几个方面的因素。

1. 父母包办过多，界限不明。

如果日常生活中的事情都是由父母代孩子做主，孩子当然没有积极性和自觉性。父母越是提醒、唠叨，孩子越是反感。时间久了，孩子就会对父母的话充耳不闻，无论对错，全当作耳旁风。家长不停的唠叨和说教，容易让孩子产生依赖心理，他们认为反正有人会提醒，便不会用心做事，而当出现问题时，孩子却往往把责任推给父母，觉得是父母没有为他想周全，或是没有提醒他。在案例中，君君的拖延和冷漠，并非不懂得感恩，而是一种习以为常的表现，从变着花样的早餐，到忙活不停的收拾，本该是孩子自己的事情，却已经完全被妈妈代劳、包办，才会让君君完全不承担自己的责任，成为妈妈的"提线木偶"，甚至还会有应付了事的消极心理。

2. 父母含糊其辞，规则不清。

有些时候，父母的要求过于笼统、含糊。比如，"你得好好学习""你能不能懂事一点""你一点都不让人省心"之类的话并不具备指导性，哪怕是成年人也没办法一下子领会究竟要怎么做，让孩子不得要领，自然也就无所适从。还有的父母经常会把唠叨变成"宣泄"，并没有强调具体的规则或者明确的要求，这属于无效沟通。久而久之，孩子自然就会认为父母只是为了发泄而唠叨，只要尽快远离就好了，至于父母说了什么根本不重要。有的父母还会不厌其烦地把孩子和其他人做横向比较，让孩子总感觉不如别人，而父母见孩子没有达到自己的要求，往往会有更多的唠叨、抱怨，由此导致的恶性循环使父母与孩子的矛盾越来越激烈。

3. 父母观念陈旧，措施不当。

随着孩子独立意识的增强，他们希望摆脱父母的安排，能自主地做决定，找到长大成人的感觉。如果父母的教育方式没有随着孩子青春期的到来而进行调整，依然采用唠叨式关爱，缺少应对的方法，则会使孩子产生逆反心理。因为孩子刚刚进入青春期，脾气性格发生了很大的变化，自我适应能力不足，处于精神和行为的烦恼期，父母仍然把他们当作小孩，无微不至地“关怀”着、“嘱咐”着，孩子必然会厌烦，觉得自己的自尊心受到伤害，并由此而产生逆反、对立情绪。尤其是父母在外人、同伴面前数落他时，这种逆反会更加强烈，加上父母的不理解与沟通不畅还会导致孩子过激的言行。

了解孩子

六年级孩子马上要进入初中，开启新的学习之旅。他们的个性思想正在慢慢地形成，自我意识不断增强。尽管此时孩子对家庭和父母还有着很强的依赖性，但他们急于逃离父母的管束，以致出现了一系列矛盾的行为。因此，作为父母，我们首先要了解孩子在这一时期的特点，才能更好地去陪伴孩子成长。此时期，孩子通常有以下几个特点。

一、自主意识增强，排斥老师、家长的管理。

孩子们总想通过说话、做事证明自己长大了。在自我意识上，这个阶段的孩子早就把自己当成了大人，他们最爱说的话通常是“我能行”“我自己的事我自己知道”“不用你们管”。在他们的心目中，家长、老师的权威已经慢慢地减弱，他们可以对家长的缺点、错误进行批评，他们开始对家长、老师的言行提出质疑、表示反对。同学间的交往更频繁了，许多事不让家长参与，甚至不让家长知道。随着年龄的增长，孩子对于父母的管教已经开始出现了抵触心理。

二、不尊重人，敌对情绪强烈。

在自我意识的强烈引导下，有些孩子唯我独尊，对待周围的人与事都是比较冷漠的。在他们的眼中，父母与老师的付出都是理所当然。这一阶段的孩子比较重视自己的感受，而不在乎别人的感受。有些孩子在家里对长辈不尊重，冲着长辈们发脾气；在学校，对师长不礼貌，主要体现在态度上。面对老师、家长的批评，他们最直接的反应是“我又怎么了？”于是，孩子会马上找理由为自己辩护，而不会去思考自己究竟是在哪里做错了。孩子的敌对情绪主要表现在：受到父母的批评后，他（她）就拒绝接受父母的任何安排；受到老师批评后，他（她）就不听课、课堂捣乱，直接抵触师长等。

三、好胜心强，易怒，易冲动。

处于青春期初期的孩子好胜心强，但自控能力差。当受到挫折后，有些孩子很容易采取攻击行为，把敌对情绪直接发泄到造成其挫折的人或物上。在实际生活中，父母和老师在处理孩子之间的矛盾时往往会发现，造成矛盾的原因通常只是一件微不足道的事情。

孩子的成长会经历许多的发展和变化。孩子在成长路上的种种表现都是他们寻求改变的重要体现。面对成长中的问题与烦恼，孩子们的内心又是怎样的呢？下面我们一起听听孩子的心声吧。

1. 认真听我说话，行不行？

我非常渴望将学校里发生的事情告诉父母，但是他们总是那么忙，很多时候根本不能静下心来听我说话，要么不停地接打电话，要么一边玩手机一边听我说话。时间长了，我也就不想告诉他们在学校发生的事了。慢慢地，我也就沉默了。后来父母还以为我有了心理问题，其实父母根本不懂我的心。

2. 别总盯着学习成绩看，好不好？

我非常讨厌父母把我学习成绩的好坏当作家庭生活氛围好坏的晴雨表。他们整天就知道关注我的成绩，根本不关心我过得快不快乐。考好了，就好吃好喝地“招待”我，到处向亲戚朋友们炫耀；考得不好，就不断地对我唠叨和批评。想想都难过，我明明还有那么多的特长和优点，为什么父母总是看不到呢？

3. 给我点隐私空间，可以吗？

我最不能接受的是凡事父母都要问个究竟，从来不考虑我的隐私。我已经长大了，不再是一个小宝宝了。我有自己的思想，有自己的朋友圈，有自己的隐私。我已经不需要父母时时刻刻地看着我。我希望他们能像朋友一样信任我，让我独立地去处理一些事情，并尊重我的隐私权。

长期被唠叨的孩子很难获得个性自由和身心全面发展。孩子反复听到家长说同样的话，很容易从内心上产生抗拒。当父母一出声，孩子就会在脑中想方设法地躲避，尽可能让自己想着与当前唠叨毫不相干的东西，从而忽视掉父母的声音。于是，家长在唠叨时，经常可以观察到孩子“神游”的情况。

实施指南

面对孩子出现的种种问题，家长如何建立起与孩子之间的友善关系，让亲子沟通更加有效呢？或许以下几种行动策略会对家长有所帮助。

◆ 策略一：说得缓而暖，营造融洽的沟通氛围。

1. 找准沟通时间。

当今社会的工作、生活节奏很快，家长一天中能够和孩子真正沟通的时间少之又少。有的家长甚至长期外出无法和孩子及时交谈，很容易把沟通变成唠叨。因此，对家长来说，找准沟通的时间很重要。为此，家长可以这样做：一是利用上学或放学路上同行的时间。比如，想了解孩子在校的情况，家长可以在放学路上，以愉悦的心情询问孩子："学校今天有什么好玩的事发生吗？""你今天有什么好的表现？""有什么需要我来帮忙的吗？"……这样的问话既可以表达对孩子的关爱，也可以调动孩子积极的情绪。二是利用茶余饭后休息放松的时间。家长适当放慢节奏，轻松地与孩子聊天，因为孩子吃饱饭后心情会比较愉悦。三是利用孩子快乐的娱乐时间，如在散步时、旅行时、共同玩游戏时……当孩子处于极度烦恼的时候，父母可以暂时走开，尽量不要打扰，让孩子平静下来之后再寻找合适的时机进行交流。此外，家长切记不要在公共场合呵斥孩子，应充分尊重孩子。

2. 找准沟通话题。

兴趣是沟通的润滑剂。家长要关注孩子对哪些事物有浓厚的兴趣，从孩子感兴趣的事物切入，尽快拉近情感距离，使沟通的氛围更加轻松愉快。为此，家长可以这样做：一是关注近期孩子比较感兴趣的事物或烦恼的问题。比如，当孩子因考试没有考好而情绪低落时，家长可以带孩子出去吃他喜欢的美食，或者带他（她）去书店看看书，让孩子慢慢地从低落的情绪中走出来。同时，家长也可以借此机会表明自己的态度，让孩子明白不管他（她）面对什么样的情况，家长都会坚定地站在他（她）的背后，与他（她）一起努力。二是了解孩子的理想或近期目标。家长应主动和孩子谈谈，了解孩子的理想或近期的目标，听听他（她）的规划，与孩子一起分析并找到达到目标的方法，为孩子提供力所能及的帮助。只有这样，孩子才能感受到父母的爱并不是空的，而是他（她）触手可及的。于是，孩子有困难时第一个想到的是与家长进行沟通和交流。

3. 注意用心倾听。

家长的倾听对孩子来说至关重要，合格的家长都非常注重倾听带给孩子的影响，让孩子从小就学会以平等、尊重的心态与人建立联系，从而帮助孩子学会独立思考。为此，家长应当做到以下几点：一是要注意倾听的态度。当孩子遇到问题需要倾诉时，家长应该懂得尊重，这是与孩子沟通的基础。很多时候，家长不一定非要一本正经地坐下来，但是一定要放下手里的其他事情，专注地听孩子说。二是注意倾听后的回应。家长不仅要听得专注，还要及时地站在孩子的立场上对听到的信息进行反馈，及时回应孩子的问题。如果发现孩子不爱说话、说话紧张，或者听别人讲话时漫不经心，家长就应该意识到，自己一定是犯了类似的毛病。这时，家长必须马上对自己的态度进行调整，为孩子树立良好的榜样。

策略二：说得少而精，建立亲子间的共情。

1. 学习平行交谈。

所谓的平行交谈就是谈话双方在同等条件下的交谈，特别适合父母与子女一边做活动一边交谈，重点放在活动上，而不是谈话的内容上。双方在轻松愉悦的活动中处于放松状态，更能让孩子接受谈话的内容。谈话的内容可以涉及孩子近期面临的一些问题。此外，父母还可以与孩子分享自己的童年经历和自己面对此类事情的经验，与孩子共同寻找解决问题的方法。亲子间的话题可以从学会求知、学会做事、学会共处等方面进行选择。父母分享自己与孩子同龄时期经历的快乐与烦恼，可以迅速拉近与孩子之间的距离，激起孩子的共情。只要孩子愿意敞开心扉，便会很容易认同父母的见解。特别是在游戏中的平行交谈，父母更容易获知孩子的真实想法，了解孩子当下待人接物处事的态度和做法，也更容易获得孩子的信任。

2. 把握住一些特殊的日子。

纪念日是建立良好亲子关系的重要时机，也是维持彼此关系的关键时间。父母在纪念日上的谈话，往往能给孩子带来比平时更加深刻的记忆。特别是在一些对孩子来说特别重要的日子，父母的用心往往还会产生举足轻重的效果。比如，在孩子的生日当天，父母除了精心准备礼物，还为孩子选择了一套其喜欢的书，然后写上父母的赠言，这比用嘴说更能打动孩子。再比如，在小学阶段的最后一个六一儿童节到来时，父母可以通过小小的仪式（如家庭聚会、外出旅行、小型六一庆典等）来庆祝，将孩子有待改进的地方通过长辈寄语等形式告诉孩子，这对于六年级的孩子来说是无比珍贵的，也更让孩子珍视父母的爱和关心。

3. 抓住孩子的情绪敏感期。

情绪是人对外界事物的主观感受和客观反映的综合表现，是生理和心理的双重反馈。一个人的情绪必然会影响他对周围人和事的看法。因此，家长应该利用情绪发生的时机与孩子进行有效的沟通。比如，当孩子因犯错而懊恼时，家长可以利用这个机会鼓励他找出错误的原因，并一起约法三章，帮助孩子养成良好习惯；当孩子对某一件事情怀有极大的兴趣时，只要事情正当，家长可以在物力、财力、精力等方面给予支持；当孩子成功做成某一件事时，家长一定要分享孩子的喜悦，并给予孩子一定的鼓励……当孩子需要帮助时，家长要重视，及时给予孩子引导和帮助。

策略三：做得精而当，树立榜样搭建成长的阶梯。

1. 给孩子做示范。

言传身教、亲身示范是家庭教育的重要方式。孩子大多是从父母

“怎么做”中学习、成长起来的，所以家长的示范至关重要。在实际生活中，家长至少要做到三个示范：一是文明言行的示范。文明有礼的父母更能教育出知书达礼的孩子；二是阅读的示范。亲子阅读是拉进亲子关系的有效手段；三是人际交往的示范。父母待人接物时应做到与人为善，助人为乐。总的来说，父母的以身作则可以让孩子在成长的路上学会自立、自强，有利于培养孩子勇敢坚毅、不屈不挠的人格和品性。

2. 给孩子留空间。

有句话说得好：孩子是在父母看不见的地方长大的。因此，家长应该给予孩子自省的空间，让孩子学会自我教育。为此，家长可以这样做：一是抓内放外。家长在教育孩子时要学会在人后教育。因为孩子的自我意识已经觉醒，他们需要有自己的空间和朋友圈。孩子有问题时，家长应在家里私下交流，尊重孩子，维护孩子的尊严。二是抓大放小。家长不要总是放大孩子的缺点，对于原则性的问题要多用心，对于一些小问题要给孩子一定的试错空间，让孩子自己意识到自身的不足，并能主动改正。只有这样，孩子才能在相对自由的空间学会自我审视和自我调整，使亲子沟通更加顺畅。

3. 接受孩子的双重感情和矛盾行为。

孩子是父母生命的延续，但不是父母的复制品。每个孩子都有自己独特的个性和行为。对于六年级的孩子来说，他们的情感是多变的，对父母通常又爱又恨，喜欢唱反调。但无论孩子对父母的情感是正面还是负面，父母都应坦然接受，不必过度焦虑。只有父母悦纳孩子的个性与行为，孩子才会对父母敞开心扉。这时，父母的行为与语言一定要精当，可以通过不同时期人物成长的例子为孩子提供一面感情的镜子，让孩子了解自身所处年龄的特点。此外，父母也可以让孩子适当地了解父母工作的环境，体会父母的不易。针对孩子多变的情感，父母应当给机会让孩子学会自我修整和改变。

文明交往

——教会孩子正确面对青春期情感萌动以及与异性的正常交往

案例分析

六年级的小丽最近回到家总是无精打采的，有时还神神秘秘地待在自己的房间里不出来，从小玩到大的男生小轩来叫她一起上学，她也不理他，有时一见他就会脸红，最近还无端发起脾气来。

妈妈发现了这一情况，私下里悄悄地问了一下小丽的同班同学，原来班里有同学看到小丽和小轩一起上下学便开他俩的玩笑，说他俩是“小两口”，还起哄。

知晓了这一情况，妈妈及时与班主任老师进行了沟通。班主任根据近期班里男女同学渐渐疏远、个别同学出现情窦初开的情况开展了关于青春期异性交往的主题班会。班会课后，妈妈利用饭后时间，主动和小丽促膝长谈，小丽才向妈妈吐露了最近的烦恼，原来除了同学们起哄外，她也对小轩产生了说不清的感情，不知道怎么处理。妈妈听后，告诉小丽：“这个时期喜欢男孩子是非常正常的一种心理，因为美丽的青春期就要到来了，你看你的身体也发生了很大的改变，心思也变细腻了……不必烦恼，妈妈也曾经有过这样的心理，妈妈会陪你一起成长的！”

经过这次交谈，小丽明白了自己的情愫是正常的，放下了心理上的包袱。接着，妈妈又组织了一次家庭聚会，把小轩和小丽以及他们共同的朋友聚在一起，几个孩子有序而又和谐地玩在一起。

青春期是孩子逐渐发育成为成年人的过渡时期，也是人体迅速生长发育的关键时期，是继婴儿期后人生的第二个生长发育高峰期。在青春期，孩子需要面对身体和心理发生的双重变化，以及因此而带来的冲突和困惑。很显然，如何帮助孩子顺利走进青春期、顺利度过青春期是家庭教育中很重要的一个内容。为此，家长需要注意以下几点。

>>> 1. 了解青春期孩子的特点和变化，让教育更加科学。

避而不谈是在解决青春期出现问题的过程中最不可取的教育态度。家长除了需要了解青春期孩子的特点和变化，还应告诉孩子青春期到来后的变化，包括身体和心理两个方面。此外，家长还可以购买一些相关的书籍、浏览相关的资料，与孩子一起观看相关的教育短片，有效地引导孩子顺利进入青春期。在案例中，小丽妈妈的做法就非常好，面对孩子出现的青春期情感萌动和异性之间的交往问题，不但没有回避，反而采取私下与老师、同学沟通的方式来解决，同时拉近了几个家庭的关系，也使得孩子们能够正确地面对和处理异性之间的关系。

>>> 2. 调整与孩子的相处方式，积极引导孩子与异性正常交往。

由于生理的成熟、特别是性生理以及第二性征成熟，处于青春期早期的孩子对与异性交往的看法和态度会发生改变。比如，与异性相处时，孩子容易焦虑、感到不自然。在学校里，高年级的孩子虽然更多会与同性别的同学一起玩，但这个时候的他们不只喜欢同性的朋友圈，对异性的朋友圈也开始产生兴趣。与异性交往让孩子感到格外新鲜、欣喜、兴奋，甚至欲罢不能。此时，父母可能会担忧：是不是成熟太早？是不是“学坏”了呢？不管制他们会不会“出事”？其实，从孩子成长的角度看，男孩女孩开始体验异性之间的友情是十分自然和纯粹的，也是这个年龄段他们必须经历的。与异性的交往是孩子正常人际交往中的一部分，这能使孩子的身心得到正常的发展，包括自我同一性的培养、心理需求的满足等。在实际生活中，家长切勿生硬地切断孩子对异性的“朦胧爱意”，而应给予适当的引导和转化。

3. 对性教育持开放的态度，坦然回答孩子的问题。

对性的好奇是孩子正常发育的表现。作为家长，我们应该对性教育持开放的心态。如果孩子向家长提出一些跟性、生殖器相关的问题，家长千万不要过于惊讶，也不要责备孩子“整天不知道在想什么”“这些事你从哪里听来的”“你还小，没必要知道这个”……面对孩子提出的有关性的问题，家长应当轻松坦然回答，不回避、不敷衍、不说“善意的”谎言。如果家长对性的相关话题遮遮掩掩，反而让孩子误以为性是阴暗的东西。作为家长，我们有义务把正确的性教育知识教给孩子，避免孩子通过不正当途径接收错误的信息，给幼小的心灵留下阴影。

了解孩子

在儿童期时，孩子大都喜欢跟父母玩耍。等到了六年级，有些孩子就不太愿意跟父母在一起玩了。这一阶段的孩子更渴望与同龄人交流。为此，家长需要正确认识和把握孩子身心发展的特点。

一、孩子的身体逐渐开始发育。

随着青春期的到来，孩子的身体将发生很多变化，这主要体现在三个方面：一是性机能发育成熟，有的女孩开始有了月经，有的男孩也开始出现遗精现象。二是身体外部特征急剧变化。比如，女孩的个头及身体各项机能开始迅速生长，男孩的骨骼也开始变得粗壮。三是体内机能迅速健全。六年级的孩子越来越注重个人的外在形象，特别是女孩开始出现穿着打扮、化妆的情况，她们越来越爱美，常常会在镜子前欣赏自己。男孩对自己的发型和衣着要求也开始注重，特别喜欢在自己欣赏的女孩面前卖弄自己的才艺。此时，男孩与女孩之间会出现既彼此疏离又渴望走近的状态，双方都十分敏感。

二、孩子越来越渴望成熟与独立，内心却敏感、脆弱。

在青春期时，身体的迅速发育会引起孩子心理的变化。孩子有自我成熟的强烈感受，觉得自己已经长大，产生过分激动、羞涩、烦躁、恐慌等心理反应，并希望父母能把他们当作大人看待。由于自我意识的增强、内心情感的萌动，孩子开始有意识地逃离父母的管教，会变得相对沉默，不再事事都要请教父母，甚至会对父母无微不至的关怀感到厌烦，而更倾向于与同龄人交流，对异性开始产生既排斥又渴望的情感。有的孩子会不习惯自己身体的急速增高和性特征的显现，从而变得敏感、脆弱，并产生一种苦闷。这时的孩子心里充满了矛盾，如渴望独立与依赖父母的矛盾、心理闭锁与渴求理解的矛盾、性发育成熟与性心理相对幼稚的矛盾等。

三、孩子逐渐意识到两性的差异，开始出现性幻想。

意识到男女性机能的差别、出现一些性幻想、与异性交往会尴尬、对异性产生朦胧的爱慕情感，这些都是孩子逐渐意识到两性关系的重要表现。而现实环境中关于两性关系的内容会让青春期学生加剧心理的躁动。此时，孩子若缺乏性心理方面的教育，则很容易会产生一些问题行为。由于对性的认识不成熟，对于“爱”的概念模糊不清，以及受到媒体的影响，许多孩子容易把男女生之间的友谊、对优秀异性的仰慕之情等当作爱情，这严重影响了孩子与异性的正常交往。处在花季的少男少女，如果压根儿就没有与同龄异性朋友交往的兴趣，这同样也是一个需要家长予以高度重视的问题。另外，由于心理发育不成熟，孩子还不能正确对待异性相处的问题。孩子在遇到交往的困扰时，也很害怕向父母或老师倾诉，而更多地向同伴倾诉。

在这个时期，父母不必对孩子出现的生理与心理变化感到过分焦虑，也不应该对孩子与异性的交往过分敏感，毕竟这是孩子成长过程中必要的经历，也是他们成长的阶梯。接下来，我们一起听听孩子的心声。

1. 不要疑神疑鬼，行不行？

我最烦我妈妈了。她总是像看犯人一样看着我，每天都在不停地盘问我，总是担心我会被男生带坏。她有时还在放学的时候直接问班里的其他同学关于我的状况，弄得男同学们都不敢跟我玩了。现在我回家都不敢跟她说学校的事情，免得她疑神疑鬼。

2. 我不敢跟我欣赏的女生说话，怎么办？

我非常欣赏我们班一个女生。平时非常活泼的我，一见到她就会惊慌失措，我是不是得了什么病呢？同学们看到我这样就会起哄，弄得我特别烦恼。现在我都不敢跟她说话了，怎么办呢？

3. 我的心事还能找谁说？

最近班里流行玩真心话大冒险的游戏。上次我们玩的是说说你喜欢的人？让我想不到的是竟然有一半的女生喜欢我们的班长。其实我也喜欢他，尤其是喜欢他乐于助人、乐观开朗的性格。难道我是早恋了吗？我心里好害怕他不喜欢我啊！我真希望爸爸妈妈能帮帮我，可是我又不知道要不要告诉他们，这可如何是好？

通过上述分析，家长能更清晰地了解孩子在六年级这个阶段的成长特点以及存在的问题或困惑。为了更好地促进孩子的健康成长，家长需要结合平时对孩子言行的观察结果，及时帮助孩子正确处理与异性的关系，并正确向异性表达自己的欣赏之意，让孩子在情感萌动的时期收获纯真的友谊。

实施指南

世界上没有两片完全相同的叶子，同样也没有完全相同的孩子。每个孩子在成长的过程中都会有自己的烦恼。为了更有效地帮助孩子正确对待这些成长中的烦恼，家长不妨在家庭教育的过程中试试以下几种行动策略。

◆ 策略一：正确看待青春期孩子的异性交往。

1. 正确认识青春期孩子的异性交往。

作为家长，我们需要承认，孩子被异性吸引是性心理和性生理走向成熟的必然结果。进入青春期的孩子对异性产生好感，渴望与异性交往接触是很自然的。家长不必因此而对孩子严加看管。相比之下，孩子讨厌异性，害怕、拒绝与异性交往，这更应该引起家长的关注和重视。许多研究与实践证明，青春期异性之间的正常交往不仅有利于学习进步，而且有利于个性的全面发展。心理学研究表明，与异性有正常交往的人，其智力更发达、思维更活跃、情感更丰富、心理更成熟。

2. 要能明确异性交往的性质，摆正心态。

在实际生活中，家长需要分清孩子与异性交往的哪些行为是正常的交往，哪些是早恋，不要总是用怀疑的眼光和心态看待男孩与女孩之间的交往。在有些家庭中，家长只要一看到孩子与异性在一起，就认为他们是在谈恋爱，指责其不务正业，甚至诋毁、辱骂。其实，家长的态度是影响孩子对自身行为认知的关键因素。

◆ 策略二：加强指导，教会孩子正确对待和处理与异性的关系。

1. 提前进行青春期的心理教育，与孩子聊一聊异性交往的原则、技巧，以及交往中易陷入的误区。

在实际生活中，家长需要教导孩子在与异性交往中应注意的态度、场合、交往方式，并遵循自然、适度、真诚坦白而又留有余地的原则。在交往中，言语、表情、行为举止、情感流露及所思所想要做到自然顺畅，既不过分夸张，也不闪烁其词；既不盲目冲动，也不矫揉造作。所言所行还要留有余地，不能毫无顾忌，交往的方式和程度要为大多数人所接受。比如，家长应引导孩子在与异性的交谈中主动回避一些关于两性敏感的话题，避免不必要的身体接触等。此外，家长还应教导孩子注重交往的公开化，鼓励孩子多参加集体性的交往活动，减少与异性单独相处，避免不合理的感情发展。

2. 细心观察，耐心指导。

有家长发现：最近孩子老爱提及某位异性，并且显得神采飞扬；孩子突然收到一封"滚烫"的爱慕信，心中激动不已，一不小心就陷入了早恋，等等。孩子在思想上虽然比父母要开放些，但在面对青春期的情感萌动时，孩子通常是喜忧参半，既感到兴奋，又有许多担忧与烦恼，往往不知所措，非常希望得到帮助。作为家长，我们必须有敏锐的观察力，随时注意孩子的情绪状态。为此，家长需要做到以下几点：

①要给予充分的理解，争取孩子的信任。通常来说，家长做出的最佳反应是尊重孩子的情感，理解孩子的心理，不要轻易给孩子扣上"早恋"的帽子。家长的态度是"推"还是"拉"往往会导致截然不同的结果，粗暴的干涉往往是不可取的。

②要摸清情况，分析状态。在取得孩子的信任后，家长要向其充分了解情况，分析目前孩子与异性的交往现状，尤其要拿准孩子自身的态度与想法。

③要及时帮助和耐心指导。作为家长，我们需要引导孩子调整认

识，为孩子指出当前任务，再引导孩子做出决断。一般来说，转移情感是处理孩子在青春情感萌动时期出现的种种问题的关键。当孩子因情感问题感到困扰时，他们往往会心神不定，注意力不集中。这时候，家长要及时转移孩子的关注点，对孩子在其他方面的进步加以赞扬，让孩子将注意力和兴趣转移到别的事情上。

◆ **策略三：科学引导，让孩子掌握与异性正常交往的原则。**

1. 教导孩子与异性交往时要有礼有节。

家长可以这样引导孩子：①与异性接触时要广泛交往，避免过多的个别接触。②在与异性的交往中，应注意把握分寸，举止要端庄稳重，言谈文雅高洁，切不可勾肩搭背，搔首弄姿，举止轻浮。③避免过分亲昵，这不仅会显得轻佻，让对方反感，而且会造成不必要的误会。④多参加一些集体活动和自己喜爱的文体、科技活动，避免单独幽会，用多层次、多角度的同学间的友谊来调整相处方式。

2. 要告诫孩子把握“自然”和“适度”两个原则。

所谓自然原则，就是在与异性交往过程中，言语、表情、行为举止、情感流露和所思所想要做到自然、顺畅，既不过分夸张，也不矫揉造作。所谓适度原则，是指与异性交往的方式要恰到好处，应为大多数人所接受。只有把握好异性交往的度，包括广度、深度、适度三个层面，孩子才不会在异性交往中过早地萌发情爱，也不会因回避或拒绝异性而对双方的心灵造成伤害。

到了六年级，随着交际圈的不断扩大，孩子在与人交往的过程中难免会有冲突和挑战。作为家长，我们在家庭教育过程中不仅要给孩子传授具体的交往礼仪，而且要引导孩子积极应对与异性的交往，让孩子对青春期的情感萌动有正确的认识，帮助孩子养成与人为善的性格。只有这样，孩子才能更好地处理人际关系，并健康、快乐地成长。

推己及人
——教会孩子自我克制与自我保护，拒绝校园暴力

案例分析

某一医院接诊了一名12岁的患者小阳，症状表现为在被同学殴打后的半个多月以来，心情十分沮丧。

据家人代诉，小阳2020年9月开始被高年级同学勒索钱财，并威胁不允许告诉老师、家长，不然会被殴打。小阳平日里内向而胆小不敢向师长求助。2020年10月19日，多名高年级学生对小阳实施殴打、威胁，并录制视频。当时家长发现孩子变得寡言少语，胆小、怕黑，并且夜间会做噩梦，但是孩子始终未说明原因。看着小阳仍可以继续上学，家长就没有当回事。

后来小阳仍然又被勒索欺负，接着因视频曝光，小阳情绪十分反常。家长这才担心小阳心理受到影响，带他到医院就诊。目前，小阳不愿意回忆和叙述所发生的欺凌事件，担心再次被殴打和勒索，对上学产生了极大的恐惧感，出现厌学的情绪。

在上述案例中，小阳被同学多次勒索钱财，殴打、威胁并被录制视频，造成了身体伤害、财产损失和精神损害。无论是欺凌者还是受欺凌者，他们的行为背后的原因都可以在其所生活的家庭环境中找到。

1. 不良的家庭环境和错误的教育方式。

没有任何一个孩子生来就是校园欺凌者或受欺凌者。欺凌事件的发生都离不开家庭教育对孩子的影响。无论是欺凌者还是受欺凌者，我们都可以在孩子身上看到其父母的影子。

家庭氛围紧张（如父母有暴力倾向）会使孩子在耳濡目染中学会使

用暴力的方式去解决问题。在有的家庭中，孩子犯错了，家长不是打就是骂，然后又不告诉孩子错在哪里，使得亲子之间缺乏温情的交流，这容易使孩子形成灰暗、叛逆的心理，并在无形中学会用欺凌的手段去征服别人。有的家长对孩子过分宠爱，容易纵容孩子，使孩子养成是非不分、骄横跋扈、无视他人利益的不良品性。而有的家长则过分强调学习的重要性，忽略了孩子性格和人品的养成，更没有让孩子明白做人的原则和底线。因此，家长要对孩子加强教育，言传身教，引导孩子树立法治意识、规则意识，做到与人为善。

>>> 2. 家长与孩子的沟通不顺畅。

很多时候，我们的孩子在外受欺凌时，回家是不敢告诉父母的。有位心理学家总结出了孩子沉默的原因：不敢告诉父母，因为孩子不相信父母。父母的反应无法让孩子感受到安全、接纳、理解和支持，于是孩子便不再信任父母，在心里关上了与父母交流的通道。案例中的小阳在遭受欺凌和暴力伤害后，不愿意跟家长和老师讲，而家长对孩子的异常也没有及时发现、引起重视，导致情况愈演愈烈。因此，在这种情况下，家长不能不以为然，要积极行动起来，主动贴近孩子的内心，取得孩子的信任，让孩子在遇到危险时能主动对家长吐露心声，同时要时刻关注孩子的情绪变化，并积极与孩子沟通，引导孩子学会在遇到问题时敢于求助。

>>> 3. 家长没有与老师沟通。

校园欺凌的对象一般是性格懦弱或身材瘦小的孩子。案例中的小阳是属于性格懦弱的一类孩子，缺乏勇气，胆小怕事，被欺负后忍气吞声，也没有及时报告老师或者求助家长，导致校园欺凌进一步升级。家长应主动向老师反映孩子在家的情况，让老师在平时的教学中关注孩子的言行。此外，家长还应向老师询问孩子在学校的学习、生活状态，做到信息互通，并引导孩子有困难时主动向老师求助，教会孩子信任师长。这样一来，一旦出现欺凌事件，孩子才会知道自己可以向谁求助，并相信自己可以得到有效的帮助。

了解孩子

进入青春期的孩子既要适应身体发育的变化，又要适应较为繁重的学习任务，还要适应个体社会化的过程。因此，这个阶段的孩子呈现出许多的矛盾性，既有幼稚的一面又呈现出青春期叛逆的特点。

一、开始有偶像崇拜的行为。

青春期是孩子由儿童向成人过渡的重要阶段，而偶像崇拜是青春期的标志行为。进入青春期，孩子在生理上有了突飞猛进的发展，但心理的发展却远远滞后。孩子小时候崇拜的对象是父母，并觉得父母是无所不能的“超人”。当孩子逐渐长大，步入青春期时，他们崇拜对象会变成明星偶像，羡慕偶像在聚光灯下的光鲜靓丽。由于生理上的发展，孩子认为自己已经长大了，希望能够独当一面，渴望摆脱父母的控制。然而，孩子有限的生活经验又使他们不能没有父母的帮助。这种青春期的矛盾状况使孩子感到苦恼。因此，这一时期的孩子选择崇拜拥有能力、地位且独立的偶像，希望通过偶像崇拜来实现独立自主的目的。

二、易受不良风气影响。

当手机成为每个家庭的必需品，随之而来的问题也开始对家长们造成困扰。青春期的孩子玩游戏、看视频……但由于孩子的分辨能力不强，使得他们极易受到网络信息的影响。随着身心的发展，有的孩子甚至会把自己当成影视剧中的“正义”之士，对看不惯的社会行为和现象表示不满，爱打抱不平，逐渐变得喜欢用暴力的形式征服别人，以显示出自己的力量。特别是手机普及后，电子游戏成了孩子们重要的休闲方式，大量的暴力游戏冲击着孩子的心灵，使孩子极易产生暴力倾向。另外，在有的家庭中，当孩子犯了错时，家长暴躁易怒，以暴力的方式教育孩子。孩子在处理同学之间的摩擦时，也会模仿家长的做法用简单粗暴的方式解决，并引以为荣，认为“拳头”能解决很多问题。

三、人际交往容易出现极端。

进入青春期，孩子的认知、情感、人际交往及身体发育等各方面都发生了明显的变化，这在一定程度上会让孩子感到不安与痛苦。为了摆脱这种负面情绪，孩子会更积极主动地去认识和评价自己。但在自我评价的过程中，孩子会发现“现实我”总是落后于“理想我”，“理想我”总是期望自己各方面完美，但“现实我”却总不尽如人意。这种差距导致孩子对自己现实的不满，主要表现为：一部分孩子喜欢聚集，开始成立自己的小团体小圈子；另一部分孩子容易产生自卑情绪，开始慢慢变得孤僻，沉浸在自我的世界里。无论是哪一种情形都极易陷入校园暴力。校园欺凌主要涉及三类人群：一是喜欢聚集的施暴方；二是容易孤立的受暴方；三是冷眼看热闹的旁观方。

到了六年级，孩子需要适应更复杂的社会环境。在人际交往中，孩子也会遇到这样或那样的冲突。这时候，孩子不仅要懂得推己及人，正确处理各种人际关系，而且要学会自我克制，提高自我保护的能力。那么，面对自己身上出现的一系列变化，孩子们是怎样看待的呢？接下来，我们一起听一听孩子的心声。

1. 请让我静静，可以吗？

爸爸妈妈，我最近变得很容易暴躁。一有同学碰我的东西或者多看我一眼，我就会很生气。我也知道这样不好，但我就是控制不住自己。当你们用讲道理的方式开导我的时候，虽然我知道你们是为我好，但我还是会忍不住向你们发脾气，于是我心里很烦恼。爸爸妈妈，在我心情不好的时候，请先让我静静，再找合适的时机跟我一起分析原因。

2. 以大欺小，真烦人！

在我的身边也有高年级同学欺负低年级同学的现象。一般都是高年级同学问低年级同学要吃的，有时还会要零花钱。其实，也有同学问我要过这些东西，之后我便告诉了班主任。班主任找到了那些同学并严厉地批评了他们。但现在我怕他们会再欺负我，于是放后学我都尽量和其他同学结伴而行，直到在校门口看到爸爸妈妈。高年级同学这种以大欺小的行为真的让我很烦恼。

3. 我当“大哥”，有错吗？

我的爸爸非常直爽，朋友也非常多，办事很利落，有时简单直截。我现在就喜欢模仿我爸爸做事，在学校想当“大哥”，并享受大家追捧我的感觉，交朋友讲究一个“义”字，但我因为过于冲动，常为了“哥儿们”义气打架，经常受到老师的批评，使得原来跟我玩的同学逐渐远离了我。为此，我非常失落。难道我这样做是错的吗？

实施指南

面对孩子成长的特殊阶段以及孩子在人际交往方面的困惑，家长如何教会孩子自我克制与自我保护，拒绝校园暴力，避免出现不必要的矛盾呢？为此，家长可以参考以下几种行为策略。

◆ **策略一：预防为先，及时关注。**

>>> 1. 了解校园欺凌。

很多家长常常在孩子遇到校园欺凌之后，才想到要解决问题，而不是把功夫放在平时的调查、了解以及预防性教育中来。家长在预防性教育中要结合一些常见的校园欺凌现象的例子来引导孩子，教孩子学会观察所在学校的校风，观察打架的同学，看看他们因为什么打架。当然这可不是教孩子当围观者。如果孩子用心去观察，很容易弄清楚打架的原因，因为同学之间也会谈论这些事情，自然就不难获得相关信息。在实际的家庭教育中，家长一定要引导孩子学会分辨事情的对与错、曲与直，不能教导孩子绝不还手，或者为了不受欺负而以暴制暴。

为了帮助家长更好地了解校园欺凌，我们根据不同孩子的特点，对“容易成为欺凌者”“容易成为受欺凌者”“旁观者”这三种类型进行了总结。详见下表。

类型	主要特点
容易成为欺凌者	①自我评价过高，具有极强的自尊心、嫉妒心和报复心理；②内心充满孤独感、缺乏安全感；③过于自信或缺乏自信，学习成绩极好或极差，在同学中很受欢迎或不受欢迎；④经常受欺凌的人也可能爆发，转变成欺凌者
容易成为受欺凌者	①性格内向、胆小怕事、敏感、自尊心不强；②生理上的原因，如身体肥胖、矮小、残疾、口吃等；③在学校朋友少，在同学间不被重视，人际交往能力较差；④不爱说话、表达能力弱
旁观者	①抱有多一事不如少一事的心理；②置身事外；③默默旁观

>>> 2. 留心孩子的状态。

在实际生活中，家长可以利用放学的时间主动了解校园内外的治安情况，细心观察一下孩子们放学期间在校园门口的表现，或者通过校门观察一下课间孩子们的状态。此外，家长还可以找机会与孩子的同学聊聊天，了解孩子在学校是否有校园暴力。当然，家长平时还应多与班主任、各科老师进行沟通交流，主动参与学校的家长志愿者服务，近距离了解孩子在校的学习情况、交友情况等，多关注孩子每日的情绪变化及学习、生活的表现，做到心中有数。

孩子可能遭遇校园欺凌的信号

序号	类型	具体表现
①	身体伤痕	孩子身体表面无缘无故出现瘀伤、抓伤等
②	个人物品丢失或损坏	孩子的鞋子、衣物、文具等个人物品经常丢失或破损
③	厌学逃学	突然出现不想上学、装病请假、逃学等现象
④	如厕习惯改变	比如孩子非得回家才上厕所或非要回家才使用浴室
⑤	情绪异常	回到家常带着伤心、难过、沮丧等情绪；或突然出现恐惧感，不愿与人交往
⑥	睡眠出现问题	失眠、多梦、尿床等
⑦	索要或偷窃财物	索要甚至偷窃家里的钱物
⑧	拒绝谈论	拒绝谈论学校的事情和与同学之间的关系，或闪烁其词
⑨	携带工具去学校	携带或试图携带“保护”工具（棍子、刀等）去学校，并且表现出“受害者”的肢体语言，如拒绝眼神交流、耸肩弓身等
⑩	身体出现非病理性的不舒服状态	莫名其妙哆嗦；喜欢捂着肚子；高烧不退；喜欢尖叫，等等

◆ 策略二：勇敢面对，妥善处理。

校园欺凌一直是非常严峻的一个问题，家长可以从以下几个方面给予孩子正确的引导。

1. 遇事及时求助。

家长在家庭教育过程中要主动告诉孩子如何应对暴力行为，以及在受到欺凌时第一时间求助。比如，在校就要及时告诉老师，在校外及时告诉家长甚至报警。在碰到校园暴力时，应先自保尽量保持镇静，不要惊慌，并尽可能地记住施暴者的人数和体貌特征，以便事后及时报警或向老师、家长报告。作为家长，我们要教育孩子勇于用合法、合理的手段保护自己的权益，不能助长欺凌这种违法的行为，也不要给欺凌的人留下“这个小孩好欺负”的印象。

2. 家长调整情绪。

每一位家长在孩子遭遇校园暴力时都会感到伤心、难过、愤怒，但请家长先不要拿情绪说事，而应该及时冷静下来思考如何解决孩子遇到的问题。无论是担心还是愤怒，家长都要收好自己的情绪，避免加重孩子的心理负担，同时认真倾听孩子对于校园暴力事件的描述及感受，试着感受他（她）在当时的处境，让孩子感觉到安全和被关怀。毕竟孩子受到校园欺凌以后，内心多少都是有些阴影的，并渴望得到家长的理解和帮助。因此，在与孩子进行沟通时，家长千万要把握好这个度。有条件的话，家长还可以带孩子去看看心理医生，让孩子在专业的指导下及时宣泄自己的情绪，并得到有效的疏导和帮助。

3. 收集有效证据。

当孩子遇到校园暴力时，家长一定要在当天收集相关证据，如人证、物证等。一是人证方面。家长可以问孩子当时身边都有哪些认识的同学，以便请他们做旁证。二是物证方面。家长要第一时间记录孩子受欺凌的状态，如孩子身上的伤痕、孩子被撕破的衣服，以及其他受损伤的东西等。当把证据都收集齐备后，家长再去找当事的孩子及其家长了解和反馈情况。只有这样，家长才能在孩子受欺凌后更好地保护孩子，为孩子争取到其合法的权益。面对无德、不承担后果的实施欺凌的孩子及其家长，那我们也不用担心，可以及时拨打12348，通过法律援助热线来反映孩子的遭遇，诉诸法律来解决问题。

◆ 策略三：多措并举，提高防护。

1. 强大自身。

只有身强体健，才有力量对抗他人的欺凌。因此，在实际生活中，家长可以主动带孩子锻炼身体，提高身体素质。多陪孩子做一些体育运动和亲子游戏，不仅有助于亲子关系的建设，而且能增强孩子的体质。条件允许的话，家长可以让孩子学习跆拳道、散打等，增强自我保护能力。很多欺凌者都是欺软怕硬的不良少年。如果周围没有人向被欺凌的孩子伸出援手，那么受欺凌的孩子只有自保才能减少自己受到的伤害。但很多欺凌的行为是比较隐秘的，并不一定是殴打，更多的是对人心理上的打击。面对这样的情况，除了身体健壮，家长还要注意培养孩子的自信心和乐观的性格。孩子只有内心变得勇敢强大起来，才不会担心被欺负。

2. 言传身教。

家庭是预防未成年人不良行为的第一道防线。家长以身作则，言传身教，用自己的行为告诉孩子怎样与人相处。家长的言谈举止、性格特点都会对孩子产生深远的影响。在生活中，家长尽量不要在孩子面前争吵、抱怨、说脏话、发脾气，而要言行示范，培养孩子正确的人生观、价值观，从而建立良好的亲子关系。当孩子犯错时，家长要注意耐心说教、正面引导。棍棒教育除了伤害身体，更会给孩子带来心理上的创伤，容易使孩子产生恐惧感、遗弃感，甚至是逆反心理。此外，家长还需要教育孩子在日常生活中不要说刺激、伤害别人的话；在公共场合遇到可疑者时，设法避开；服饰穿戴要得体，不要过分暴露；不要贪小便宜；不要对陌生人交付现金以及物品等；与他人发生矛盾或冲突时，尽量要用和缓的语言和手段加以处理。

3. 家校合力。

在孩子的成长过程中，家长要积极与学校老师沟通，积极疏导孩子的不良情绪。只有学校和家长能共同帮助孩子有效识别和调整非理性的情绪、情感，教会孩子正确处理人际冲突，孩子才能更有勇气、有策略地团结起来反对校园欺凌。这样一来，孩子既不会主动欺凌别人，也不会成为逆来顺受的受害者，旁观时亦能明辨是非、仗义执言，保护自己和同学。有时为捍卫正义、维护尊严及保护生命，孩子在不得不使用暴力时亦不会怯懦和退缩。

作为家长，我们要树立良好家风，对子女的成长负责，加强文明、道德、纪律、交往、法制等的教育，主动向老师询问孩子在学校的表现，并经常了解孩子与同学的交往情况，把握孩子的成长状态。通过多方联动，协调行动，共同携手反对校园欺凌，才能让校园真正成为阳光、安全的学习乐土，为孩子们营造更加安全和谐的成长环境。

延伸拓展

阅读推荐

>>> 1.《别和叛逆期的孩子较劲——亲子无障碍沟通50招》(著者：向阳；出版单位：长江出版传媒、长江文艺出版社)。

理由及建议：该书从数万封家长来信中精心挑选出最具有代表性的，针对家长在信中反映的问题，采用一问一答的模式，从品格、生活、学习、安全等方面分析孩子成长中常见的问题及家长的困惑，并给出详细的指导和建议。通过阅读该书，家长可以学习与孩子有效沟通的方法及策略，使亲子关系更加和谐。

>>> 2.《父母会沟通，孩子更合作：点醒孩子内心的沟通术》(著者：马建国；出版单位：中国妇女出版社)。

理由及建议：该书从“状态唤醒内心”“系统感化内心”“沟通点醒内心”三部分讲解如何点醒孩子内心。家长点醒孩子，不是把自己的智慧和能力给到孩子，而是将孩子内心的智慧和能力激活，因为孩子的内心本来就有无限的潜能。通过阅读该书，家长能够深度了解和洞察孩子内心的世界，从而更好地引导孩子的健康成长。

›› 3.《父母的情绪决定孩子的未来》(著者：罗佩；出版单位：江苏凤凰科学技术出版社)。

理由及建议：该书收集了近80个常见的育儿问题，并将育儿难题用以案例的形式呈现，生动、有趣、不枯燥。通过阅读该书，家长可以有效地帮助孩子掌握正确的学习方法，引导孩子养成良好的生活习惯，让孩子具备能够直面社会的核心竞争力。

›› 4.《解码青春期：如何陪伴十几岁孩子成长》(著者：[美]乔西·西普；译者：李峥嵘、胡晓宇；出版单位：湖南教育出版社)。

理由及建议：作为一本能帮助青春期孩子的父母和教育工作者洞悉青少年心理和行为，并提供科学引导的实用手册，该书深入分析了青春期不同年龄段孩子的行为和心理特征，将青春期常见棘手问题融入生动的案例中，通过真实、有启发性的故事来帮助家长破译青少年行为背后的动因，并提供了切实可行的应对策略来与青春期孩子建立牢固的信任关系。通过阅读该书，家长可以在一定程度上有效地解决家庭教育中的实际问题，以便真正促进孩子的"成人""成才"。

评估改进

一、自我评估

建立融洽而友善的亲子关系需要父母不断学习和实践，需要一颗能与时俱进、懂得尊重理解的心；帮助孩子正确对待成长中情感的萌动和正确处理与异性的关系，需要我们做一个了解孩子的知心人；教会青春期的孩子懂得自我克制与自我保护，懂得正确应对校园暴力，是每一个家长应尽的责任和义务。对于呵护孩子健康成长，您做得怎么样？现在请您通过下面的测试来进行自我评估吧！

问题	是	否
① 您是否觉得自己是个善于观察孩子的人？	□	□
② 您是否能经常认真倾听孩子的心声？	□	□
③ 您是否能及时发现孩子的问题？	□	□
④ 您与家庭成员是否有固定的沟通交流时间？	□	□
⑤ 您是否经常帮助孩子解决他的烦恼与困惑？	□	□
⑥ 要求孩子的事情，您是否能够做到？	□	□
⑦ 在孩子成绩退步的时候，您是否能平心静气地与孩子一起分析原因？	□	□
⑧ 作为家长，您是否能正确地引领孩子的成长？	□	□
⑨ 您是否能保持一颗平常心对待孩子的情感萌动及与异性交往的行为？	□	□
⑩ 您是否能及时发现孩子的情感问题与烦恼？	□	□
⑪ 您对与孩子一起玩耍的异性朋友是否采取友好的态度？	□	□
⑫ 在孩子不再事事与您交流，甚至出现抵触行为时，您是否能做到正确对待？	□	□
⑬ 当孩子情感萌动并产生与异性交往的困惑时，您是否想用专业的知识给予孩子帮助？	□	□
⑭ 作为家长，您是否能成为孩子知心人？	□	□
⑮ 您是否能控制自己的情绪？	□	□
⑯ 您是否能与他人友好相处？	□	□
⑰ 您是否觉得自己是个积极乐观、奋进向上的人？	□	□
⑱ 您是否经常敏锐地感觉到孩子人际交往上的烦恼与困惑？	□	□
⑲ 您是否能在孩子出现极端的情绪时及时为其排解？	□	□
⑳ 您是否能在孩子遭遇校园暴力时帮助其正确应对？	□	□

	是	否
㉑ 在孩子出现心理与情绪等方面的问题，您是否有责任？	□	□

【评估参考】

A.如果您选择10个以下“是”，那么说明您与孩子交流较少，请您在处理孩子情绪问题的时候多从自身出发去改变，在关注孩子健康成长方面多学习，相信您能做得更好。

B.如果您选择10～15个“是”，那么说明您是一个善解人意、善于沟通的父亲或母亲，请继续努力。

C.如果您选择15个以上“是”，那么说明您是一位拥有敏锐洞察力、引领力和学习力的家长，请继续保持。

二、改进计划

亲爱的家长，您好！阅读本专题后，您应该对如何正确培养孩子真诚友善、推己及人的品质有了更全面的认识。下面请您结合实际情况，写出自己的改进计划，并逐项完成。

第五专题 积极阳光 身心健康

青春期是人从儿童发育到成年的过渡时期，也是人在生理和心理上发生明显改变的时期。六年级的孩子已经进入青春期前期。此时，男孩、女孩的身体开始发育，第二性征出现，这主要表现为：女孩胸部、肩部、臀部等的皮下脂肪增厚，出现月经初潮；男孩子的喉结突出，进入变声期，并开始有遗精现象。处于青春期的孩子，随着年龄的增长，心理也会随之变化。有的孩子会非常在意别人的评价和看法，有的孩子对青春期发育所带来的外表变化而烦恼。

在这个特殊的时期，孩子会迷茫、敏感，他们的自我意识强烈，并且情绪不太稳定。能否正确地了解自身的生理、心理特点，关系到他们现阶段能否健康成长。作为家长，我们既是孩子的第一任老师，也是最重要的老师。这时候，我们需要在孩子走向成熟的这条必经之路上陪伴他们，言传身教，起到示范作用。当孩子的身体发生变化的时候，家长要有勇气与智慧，以平等的对待、细致的关怀让孩子感受到安稳和温暖，不让孩子感到害怕，进而悦纳自己身体发生的变化。同时，家长还要鼓励孩子坚持运动，培养孩子的运动特长，引导孩子加强体育锻炼，让孩子在实践中不断磨炼意志品质。

在孩子成长的这个过渡时期，家长要引导孩子全面客观地看待自我，引导孩子树立信心和理想，帮助孩子及时调适不良情绪，培养孩子乐观的个性，让孩子拥有健康的身体、阳光的心态、聪明的大脑，使孩子健康、快乐地成长。

健康体魄

——掌握1～2项擅长的运动项目，发展特长

案例分析

杨大姐的儿子爱玩手机、运动少，且喜欢吃油炸快餐食品。六年级时，他的体重已经接近90斤，看起来比同龄小朋友要胖一圈。

杨大姐两口子平时做生意，很少有时间带孩子。由于居住地区的周边环境不太好，她也不敢让儿子自行到外面玩，只好买来零食放在家里，让他在家里自己玩。杨大姐的儿子自尊心强，但体重不断增加，让他变得非常敏感。在与同学的相处中，他也特别怕被同学嘲笑。有时候碰到亲戚笑他长得胖，他立马就钻进房间不出来。

有一天傍晚，杨大姐在广场上徘徊着，右侧的篮球场上，两位教练正带着两队学生进行运球训练，左侧则有几名老师带着孩子进行轮滑训练，远处还有不少孩子在开展跆拳道训练……她看见别的孩子运动的时候这么阳光，也想着给儿子报一个体育类课程，不断加强身体锻炼，减减肥，但她的儿子并不愿意参加，两人为此大吵了一架，使得亲子关系变得极不和谐。

青少年时期是生长发育阶段的关键时期。但近年来，我国青少年的体质呈下降趋势。油炸、快餐类食品满足了口腹之欲，却让孩子营养失衡，而手机、电视等电子产品逐步取代了户外活动，静态的生活方式给青少年带来了很多健康风险，如肥胖、近视、身体姿态异常等，甚至会影响其成年后的健康。不科学的饮食和缺乏运动是造成杨大姐儿子肥胖的主要原因。经过分析，我们发现造成孩子身体素质薄弱主要有以下几个方面的原因。

>>> 1. 孩子的饮食习惯不科学。

青少年的饮食应该是适量碳水化合物、低脂、高蛋白，每天应该多吃蔬菜，适量吃水果，建议不吃垃圾食品，如膨化食品、碳酸饮料、甜食、快餐，以及油脂含量高的食品，等等。在案例中，杨大姐因为工作比较忙，缺少对孩子的陪伴，让孩子以零食为伴，致使孩子养成了不好的饮食习惯，特别是喜欢吃油炸、快餐类的食品，导致身体营养失衡，体重快速增长。青春期的孩子摄入的膳食营养，除了维持新陈代谢，还要满足组织生长发育的需要。这一时期，作为家长，杨大姐应该引导孩子规律就餐，科学饮食，尤其要摄入钙、铁含量丰富的食物，以促进骨骼的发育，提高身体免疫力。

>>> 2. 孩子缺乏运动锻炼。

作为孩子健康的守护者，家长要主动学习健康知识，加强孩子的健康管理，为孩子营造健康的生活、学习环境。第47次《中国互联网络发展状况统计报告》指出：学生是我国网民占比最大的群体，高达21%。孩子们在电脑、手机、iPad上消耗的时长，比以往任何时期都多。坐着刷短视频、看直播、打游戏等成为常态，不仅毒害孩子的心灵，而且直接危害孩子的身体健康。案例中的妈妈对孩子宅在家，久不去户外运动的情况已经开始关注，并希望孩子参加体育课程，加强身体锻炼。适当的体育活动不仅能增强身体素质，还能促进智力开发，维护心理健康，促进全面发展。作为家长，除了找专人带孩子锻炼，我们还需要身体力行，做孩子的榜样，并积极陪伴孩子进行体育锻炼，帮助孩子发展特长。

>>> 3. 家长没有正确引导孩子理性看待身体的变化。

《中国儿童的生存与发展：数据和分析》曾提到："我国17岁以下的少年儿童中，至少有3000万人受到各种情绪障碍和行为问题的困扰。"在案例中，杨大姐的儿子因体重迅速增加，长得比同龄人胖，已经变得敏感和自卑，长此以往，会影响孩子的心理健康。杨大姐面对孩子的变化，虽然希望孩子能通过参加体育锻炼来改变现状，但在与孩子的沟通中没有给予足够尊重和耐心，没能引导孩子悦纳自己的身体，造成了彼此间关系的不和谐。

作为家长，我们应引导孩子合理使用电子产品，缩减使用电子产品时间，保证充足睡眠，加强体育锻炼，健康饮食，并通过身体力行和心理支持，积极帮助孩子有效地进行健康管理，并与孩子一起分析身体变化情况，制定调整计划。此外，家长还应主动营造良好的氛围，告诫身边的人不要拿孩子的体重等身体特征开玩笑，让孩子坦然、乐观地面对自己的成长，避免让孩子感到自卑。

了解孩子

到了六年级，孩子们都陆续进入了青春期。他们既对自己成长的变化感到欣喜，也会有一些成长的小烦恼。这一时期，孩子的成长主要有以下几个方面的特点。

一、身体发育飞速增长。

1. 身体外形的变化。

进入青春期以后，孩子在身高、体重、胸围、肩宽、骨盆等方面都有着较大的变化。其中，较为明显的是身高和体重的增长。随着第二性征的出现，孩子的“成人感”便油然而生：“我长大了。”

2. 身体机能的发育。

到了青春发育期，体内的器官组织以及各种机能都迅速地发展，并逐步趋向成熟。进入六年级，孩子在思维能力、理解能力、判断能力、反应能力及记忆能力等方面都有进一步发展，并处在智力发展的黄金时期。

虽然六年级孩子的身体素质已经可以进行一般性的训练，但他们的肌肉纤维还是比较细的，而且中枢神经系统的调节功能还处于不完善阶段。为此，家长在引导孩子进行体育锻炼时应采取轻负荷练习，主要训练孩子的力量和弹跳力，如单脚跨跳或实心球投掷等，而且训练时间要合理，尽量缩短每一小段的训练时间，增加适当的休息时间。合理的运动锻炼才能让孩子逐步适应身体各项机能的发展、变化，从而真正促进孩子的健康成长。

二、自我意识日益强烈。

六年级的孩子由于生理发生变化，其心理也在悄悄发生变化。这一时期，孩子的情绪丰富且多变，一言不合就容易“甩脸子”或跑进自己的房间关起门来。此外，他们还逐渐注重外表的个性化打扮，爱好增多，我行我素。随着自我意识的增强，孩子觉得自己长大了，嫌弃家长的啰唆，认为家长越来越不懂自己，而懂自己的是他的同学和好朋友，于是便产生了脱离父母的管束、寻求自由的想法。这些都是孩子成长的正常表现。

到了六年级，面对自身的成长变化，孩子们是怎么想的呢？接下来，让我们一起听听孩子的心声吧。

1. 我也有爱美之心。

我是一个爱美的女生。最近在照镜子时，我发现脸上居然冒了好多的青春痘，而且大腿好像变粗了，就快变成小胖妞了。可每当我提出要减肥，却总会引来妈妈的一阵训斥：现在是长身体的时候，减什么肥，多运动就好了！其实，我想对妈妈说：“请您体谅一下我的爱美之心，可以吗？”

2. 穿什么都不自由。

在网上淘的那套漂亮裙子终于到了，周末时我迫不及待地准备穿着去兴趣班。妈妈立马把脸黑了下来，并说道："今天你的课表显示有体育课，赶紧把你的裙子换下来，穿上运动服。"我虽然心里面很不爽，但也只得作罢。为什么我连选择自己穿什么衣服的自由都没有呢？

到了六年级，孩子需要面对更多的成长变化，同时会产生很多困惑和烦恼。作为家长，我们需要理性对待孩子这一阶段的变化，用积极的心态应对孩子出现的成长问题，及时引导孩子悦纳自我，并通过体育锻炼，让孩子拥有健康的体魄，帮助孩子不断提高抗压、抗挫的能力。

实施指南

六年级是孩子走向成熟的重要时期。随着自我意识日益增强，孩子对很多人和事开始有了自己的想法，但容易固执己见，不能虚心接受他人的意见和建议。因此，作为家长，我们需要给予孩子更多的行动支持和科学引导。在实际生活中，家长可以尝试用以下策略来指导自己的家庭教育实践。

◆ 策略一：转变教育观念，运动锻炼好处多。

1. 运动启智。

运动可以提高孩子的记忆力和思维能力。从大量的科学研究数据和实际案例来看，操场上特别活跃的孩子一般学习也很优秀。绝大部分喜欢运动的孩子，其思维都比较敏捷，性格也比较乐观、开朗，取得的人生成就往往更高。还有一数据显示：每天到校后先运动再上课的孩子，上课时会更专注，情绪会更稳定，学习效果是不爱运动的孩子的两倍。

为什么爱运动的孩子学习成绩更好？因为运动后人体肾上腺素分泌旺盛，专注力更强，学得快，记得牢。学习从来不只有“坐着”一种形式。适当的运动才是更高效的学习方式。作为家长，我们应当积极响应国家的“双减”政策，适度减轻孩子的学习负担，保障孩子足够的体育锻炼时间。动一动，舒缓一下筋骨，让血液流通更畅快、大脑更清醒；跑一跑，宣泄学习压力，让孩子的心理更健康，人也会更阳光。

2. 运动培德。

体育最讲规则，它教会孩子在规则下协作互助、竞争对抗；教会孩子懂得尊重队友，也尊重对手；教会孩子学会去领导，也学会被领导，学会做团队中的一员；让孩子学会战胜对手，也学会超越自己；教会孩子知道什么时候极力争取，也知道什么时候选择放弃……这些都是孩子学会做人的必修课。运动的意义并不仅仅在于增强体质，也在于让孩子们在运动中培养拼搏、团结、坚持、胜不骄败不馁等的精神特质，全面塑造他们的人格。

通过运动，孩子能培养很多课堂教学之外的能力。在现代社会中，孩子之间的较量，不仅有智商或成绩的较量，还有体能的较量、综合素质的较量。好的教育应该是以培养终生运动者、责任担当者、问题解决者和优雅生活者为目标，帮助孩子养成健全和优秀的品质。在孩子的成长过程中，家长可以通过体育运动教会孩子如何面对胜利和失败，培养孩子拼搏到底、永不言弃的精神。

◆ 策略二：发展兴趣特长，培养运动的好习惯。

1. 结合性格特点，运动更有针对性。

在家庭教育中，家长应根据孩子的性格特点引导孩子选择擅长的体育项目进行自主锻炼，鼓励和支持孩子参加学校的各项比赛和体育社团活动，如跑步比赛、篮球联赛、足球联赛、拔河比赛、队列广播操比赛、趣味游戏躲避球比赛等，让孩子在丰富多彩的快乐运动中发展特长，磨炼意志，积蓄体能。如果孩子还没有明确的运动兴趣，家长可以依托学校组建的健美操、篮球、足球、排球、乒乓球、田径、散打等多个体育运动队，帮助孩子找到自己喜欢的项目，鼓励孩子走向操场、走进大自然、走到阳光下。总之，家长应学会借助孩子最乐于参与、最享受其中的校园体育竞赛活动，积极引导孩子进行锻炼，使孩子的运动更具有针对性，更符合孩子的成长特点，从而培养孩子热爱运动的好习惯。

2. 制订奖励计划，运动更有持续性。

美国作家查尔斯·都希格在《习惯的力量》一书中说："某些或某个习惯，一旦将其改变，就会引发连锁反应，进而重塑生活、学习方式。对于很多人来说，运动是引发广泛变化的核心习惯。"

作为家长，我们也可以像学校一样通过指导孩子有计划、有目的、有规律地进行体育锻炼，帮助孩子不断改善自身的身体形态和机能，提高运动能力。为此，家长可以尝试这样做：①让训练项目固定化，比如，家长在周一、周三、周五时可以让孩子在慢跑后通过蹲起、纵跳、开合跳、蹲跳、高抬腿、小步跑、蛙跳、加速跑等训练，磨炼自身的毅力，达到强健体魄的目的。而在周二、周四时，家长可以引导孩子侧重耐力训练。通过耐久跑、变速跑等方式，孩子可以更真切地体会呼吸的节奏变化。②让运动激励日常化。家长可以在家庭中与孩子共同制定运动的奖励标准。比如，当孩子的运动效果达到合格等级时，家长可以给孩子颁发"阳光体育证章"；当达到优秀等级时，则颁发"阳光体育奖章"，以此增强孩子参加体育锻炼的荣誉感和积极性。

快乐时光	晚饭后，一家人远离电视、网络游戏，在小区里散步、打球等，让孩子动起来
阳光周末	听到有节奏感的音乐，可以让孩子随着音乐舞动起来
自由选项	发展孩子特长，根据孩子的兴趣爱好，选择孩子喜欢的运动方式，让孩子爱上运动
运动处方	针对孩子身体的发育情况，给孩子看一些体育锻炼的视频，让孩子练起来

续表

榜样引领	家长关注体育盛会，坚持锻炼，为孩子做好榜样，让孩子学起来
体育竞技	鼓励孩子积极参加学校比赛和其他社会上举办的活动等，让孩子赛起来
习惯养成	坚持运动打卡，引导孩子养成运动锻炼的好习惯，让孩子强起来
营养膳食	引导孩子不要挑食，而还要注意营养均衡，让孩子壮起来

◆ 策略三：亲子运动，室内、室外更有趣。

> >> 1. 父母要身体力行。

父母是孩子最好的榜样，家庭的运动氛围十分重要。有一项针对1000多个家庭的调查研究，结果显示如果父母平均每天增加20分钟的运动量，孩子就会不知不觉地平均增加5～10分钟的运动量。孩子不一定会完全听从家长的话，但他们会模仿。总之，亲子运动好处多多，既锻炼了身体，也陪伴了孩子。家长需要身体力行，为孩子树立爱运动的榜样，从而激发孩子参加体育运动的兴趣，让孩子真正爱上运动。

> >> 2. 室内、户外都兼顾。

成功激发孩子参与体育活动的兴趣，可以帮助孩子提高运动积极性。如果家长把运动当成单调的技能训练，难免会让孩子感到枯燥和无趣，那么孩子参加运动的积极性也得不到相应的调动和增强。因此，家长在引导孩子进行运动锻炼时不仅要注重室内与户外运动合理搭配，而且要增强运动的游戏程度。户外运动的游戏化不仅能够强化孩子的兴趣，还能加强亲子之间的关系，让家庭氛围更加融洽。

①“传递”游戏——传递快乐，增进交流

此类活动以发展腰、腹肌肉群的力量为主，同时增强亲子间的配合能力。

家长可以选择在空旷的地方上开展活动。大家平躺在地上，选择容易夹取的轻物（如袜子等）进行传递。传递时，大家要用脚夹取物品传递给手，也可以反向完成。传递的规则是多样的，既可以是单人完成规定数量的练习，也可以是夹取相同数量物品的两人比赛，还可以是两人之间的配合传递。练习传递时，家长要提醒孩子要注意安全，防止因空间不足而造成相互碰撞。

②跑——辅助练习，提升技能

此类活动以发展下肢肌肉群的力量和蹬撑能力为主，同时增强身体协调性和关节柔韧性。

家长可以让孩子穿上运动鞋在空地上完成各种跑的辅助练习。同时，家长还要给孩子传授一些重要的运动技能和规则。比如，在练习原地高抬腿跑时，动作要做到上身挺直，两臂前后摆动，大腿积极向上高抬到水平程度，身体不后仰，重心的上下移动不宜过大。在练习原地高频跑时，在预备阶段让上体微屈稍前倾，脚跟离地膝盖微曲，随后开始原地跑步，尽量做到频率高，前脚掌着地。当然，家长应根据孩子的体能情况制订合适的练习次数与时间。

③其他运动——全面发展，强身健体

在阳光明媚的日子里，家长可以带孩子到户外进行各种运动，如踢足球、打篮球、打羽毛球、打乒乓球、爬山、攀岩等，让孩子在形式多样的运动中感受到更多的快乐。

为了增强学生体质、促进身体健康，我们遵循孩子成长成才规律和体育运动规律。我们可以尝试从以上几个方面来加强孩子的运动能力，培养孩子运动的好习惯，锻炼孩子强健的体魄，发展孩子的特长。总之，家长需要因地制宜、因时制宜地引导和陪伴孩子运动，使家庭成为学生健康成长的乐园，让孩子在运动中健康、快乐地成长。

积极心态
——用发展的眼光看待自己，悦纳自我，增强自信

引导孩子健康成长，家长不仅要遵循孩子的成长规律和体育运动规律，增强体质，还要让孩子保持一颗积极向上的心态。此外，家长还需要让孩子看到自己的优点与长处，同时也需要看到他人身上的闪光点，以便增强孩子的自信心，并虚心向他人学习。

案例分析

六年级的韦同学因考试成绩不理想而被父亲责骂，便离家出走。这则消息顿时在朋友圈刷屏。几天后，出走的韦同学找到了。许多疑问在大家脑中徘徊，韦同学为什么会出走?

原来，韦同学的爸爸望子成龙心切，平时对他管教较严厉，这次听老师说韦同学这次考试成绩不理想，于是就对韦同学说了不少狠话，这让韦同学觉得压力很大，便选择了离家出走。“我就光想着孩子能好好学习，以后能上个好学校，将来有出息，没考虑到孩子的感受”，韦爸爸懊悔地说。“我这几天一直待在同学家，待到晚饭时间我就走。我不想让你们知道我在哪，我考试不理想，怕被你打骂”，孩子胆怯地说。

到了六年级，孩子的身心发展迅速。处于小升初的关键时刻，此时的孩子正经历“暴风骤雨”的成长期。很显然，案例中的韦爸爸对孩子的管束比较严厉，望子成龙心切。在面对孩子成绩不理想的情况，韦爸爸的态度比较粗暴，致使孩子出现了逆反，并最终离家出走。进入六年级，孩子之所以会出现这样的情况，主要有以下几个方面的原因。

1. 家长不够宽容，对孩子的管束过于严厉。

案例中的韦爸爸迫切地希望孩子能有出息，非常在意孩子的成绩，甚至比孩子更关心考试成绩。在面对孩子考试不理想的时候，韦爸爸却没有理解和鼓励孩子，而是对孩子放狠话，最终导致父子关系陷入紧张的境地。其实，当孩子在学习上遇到挫折的时候，家长不应该对孩子说重话，让孩子感到羞辱，而应该积极引导孩子正确地看待学习上的起伏，并能主动把握孩子的心理变化状况，及时发现孩子存在的心理问题并加以疏导，耐心、宽容地与孩子一起分析错误原因，同时指导孩子改正错误，积极地帮助孩子找出自身突出的能力，帮助孩子建立起面对困难的信心和勇气。总之，家长望女成凤、望子成龙的心境是可以理解的，但不能只看孩子的学习成绩，还要培养他们坚强自信的意志品质。

2. 家长对孩子缺少关爱和指导。

从韦爸爸的懊悔中，我们知道韦爸爸因缺少对孩子的关爱，让孩子缺失安全感，而且没有关注孩子的心理变化，不主动了解孩子的内心感受，使亲子之间的关系变得极不和谐。

在实际生活中，不少家长平日没能主动与学校老师沟通，不了解孩子的学习情况和在校表现，不积极配合老师和帮助孩子。此外，有些家长也没能给孩子提供耐心而具体的指导，未能有效地帮助孩子树立学习的信心。

3. 孩子缺乏正确面对挫折的能力。

随着生活水平的提高，孩子们的挫折教育所面临的阻碍也越来越多。许多孩子在遇到挫折和困难的时候，很容易就失去了方向，并将之前对自身价值的认可全部推倒，甚至在学习、生活中陷入迷茫。正如案例中的孩子因考试不理想，害怕被家长批评而选择离家出走，没能及时调整好自己的心态。

其实，如果孩子不能正确地面对失败，就很容易产生挫败情绪。长此以往，在面对新的挑战时，孩子就会缺乏勇气和信心，不利于孩子顺利地战胜困难，无法使孩子形成坚强的意志品质。

了解孩子

到了六年级，随着身体的迅速变化，孩子的心理发展也处在骤变期，情感情绪日益丰富，自制力有所提高，团体意识逐渐增强。这个时期的孩子通常会有以下几个方面的特点。

一、心理年龄不够成熟。

进入六年级，孩子的个性发展迅速，个体差异明显，但他们在思维、认识、兴趣爱好等方面的差异日渐突出。部分孩子由于不能接受这份差异，逐渐陷入自怨自艾的情绪中：有的为外貌自卑，有的为学习成绩不理想而泄气，有的为不能大胆表达感到懊恼，有的为不能成为篮球队队员而生闷气……可见，虽然身体发生了飞速的变化，但是孩子的心理年龄普遍不够成熟。

二、对自己缺乏正确的评价。

六年级的孩子受到社会急功近利思想以及学习压力的影响，使得他们往往不能够充分地认识到自身的能力，容易给自己制订了不合理的任务目标。一旦无法达到预期的目的，孩子就会产生强烈的挫败感，从而失去自信。

六年级的女生小欧从小就喜欢跳舞，也多次代表班级和学校去参加比赛，获得了不错的成绩。最近，她报名了电视台一大型节目的选拔，却没有进入最终的决赛。小欧觉得这对自己的打击很大，于是不想再继续跳舞了，也不开心了好一阵子。后来，好朋友陪着小欧找到了学校的心理老师，帮助小欧正确看待自身的优势和不足。通过不断分析总结经验，小欧这才打开了心结。

三、容易以自我为中心，渴望独立。

六年级的孩子如果在家庭中长期受宠溺，就容易养成以自我为中心的处事风格。随着自我意识日益强烈，六年级的孩子对人对事都比较敏感，自身的行为也极容易被情绪所支配，变得固执己见，这使得他们在与其他同学相处时，很容易产生矛盾，影响了孩子的人际交往关系，不利于孩子养成乐观、自信、宽以待人的性格。

此外，这一时期的孩子希望自己能像成年人一样受到尊重，强烈的成人感和独立意识成为他们重要的心理倾向。孩子们不再被动地听从父母的教诲和安排，而是渴望用自己的眼睛看世界，用自己的标准衡量是非曲直。这种从被动到主动，从依赖到独立的转变，对于青少年来说是成长的必由之路。但是许多家长往往没意识到这一点，还用惯用的“伎俩”“对付”孩子，使得孩子和父母的关系逐渐恶化。

面对孩子在这个时期的成长特点，家长都会有些紧张和焦虑。其实换个角度看，家长会发现这些都是孩子成长路上的一个个脚印。为此，家长需要走进孩子的内心，倾听孩子的心声，以便更好地引导和帮助孩子。

1. 为什么总有做不完的习题。

现在让我最苦恼的莫过于堆积如山的习题了。好不容易做完老师布置的作业，还要完成妈妈给我额外增加的练习册。我都没有时间做我喜欢做的事。这种刷题的日子什么时候才是个头啊？

2. 我也想成为一名大作家。

最近我的习作被老师当作范文在全班宣读啦，这让我很开心！接下来，我想着把这篇作文拿去投稿试试，看看是否能发表。这样看来，我离我的作家梦已经不远啦！

3. 我的身材走样了怎么办?

最近学校舞蹈社团招新，我和两个好朋友积极去报了名。我的两个好朋友都选上了，而我却没能入选，这让我十分沮丧和难过。我想可能是因为我最近身材变胖了，所以才不符合要求吧。可我又能怎么办呢？我的好朋友会不会因为我的落选而不和我玩了呢？

青春期只是孩子成长的一个过渡期。在这一时期，孩子出现的各种变化和不适应，是青春期生理、心理发展的必然结果，是青少年由不成熟向成熟转化过程中的正常表现。但若青春期的孩子长期处于消极的状态，那么孩子的生活、学习、健康会受到影响。这时，作为家长，我们必须认真分析孩子的成长特点，及时引导孩子对自身进行正确的评价，以便孩子更乐观、自信地成长。

实施指南

在实际生活中，家长可以通过参加学校定期举办的心理健康教育专业培训班，或者通过借助互联网平台等，及时学习国内外优秀的心理健康教育范例及经验，认真发掘孩子潜在的优秀品质，积极地帮助孩子客观、公正地对自身的能力进行科学的评价。为此，家长可以尝试从以下几个方面进行努力。

◆ 策略一：换个角度看问题，悦纳孩子的变化与需要。

作为家长，我们需要与孩子建立正确、有效的沟通渠道，以便了解孩子的需要与困惑。培养出一个心理阳光的孩子，就是赋予孩子获得人生快乐和幸福的能力，也是家庭教育的一种成功。

1. 心态平和很重要。

在成长过程中，每个孩子的个体素质和领悟力不同。孩子的学习能力存在一定程度的差异。在面对学习方面的困难时，青春期的孩子容易产生自卑等不良的情绪，并会对自我产生怀疑，从而丧失学习的积极性和解决问题的信心。此时，家长可以用朋友的身份，平等地与孩子交流，在成绩面前保持一颗平常心，通过分享不同的学习方法，让孩子的学习变得更加轻松。

此外，当孩子的考试成绩不理想时，家长需要用积极、和缓的方式与孩子一起分析错误原因。家长首先应当通过音乐或带领孩子参加相关的活动，舒缓孩子的压力，转移孩子的注意力。待孩子情绪有所平复后，家长再与孩子一起分析原因，及时引导孩子总结经验与教训，帮助孩子重拾自信和勇气，并继续通过自身的努力来提高成绩。

2. 教会孩子换个角度看问题。

考试成绩是对一个阶段内学习情况的反馈。它可以帮助家长、老师了解孩子在这一阶段对知识的掌握情况。对于因学习取得了一定成绩而有些骄傲的孩子，家长应当在适当肯定孩子成绩的同时，采取委婉的方式指出孩子能力方面存在的不足。如果孩子在学习上遇到了困难，家长可以通过言语中的鼓励、眼神中的肯定，让孩子在和谐、愉悦的环境重新建立起学习的自信心，重拾面对失败的勇气。如果发现孩子比较沮丧，家长要引导孩子换个角度看问题，及时安慰孩子，帮助孩子积极调整心态，不断培养孩子成长性思维，让孩子能辩证地看待成长中的困难和挫折，并化压力为动力，以促进自身的成长与发展。

◆ 策略二：鼓励孩子扬长避短，进行积极的自我评价。

1. 尊重孩子的特点。

每个孩子都有自己的特点和性格。作为家长，我们要学会接受和肯定孩子的性格。如果孩子是内向的性格，家长就没必要强迫孩子去做不符合其自身特点的举动。此外，每个孩子都有自己的兴趣爱好和特长。因此，家长要尊重孩子的发展，多给孩子赞扬和鼓励，善于发现孩子的优点，并帮助其弥补自身的不足。

总之，合理的鼓励和赞扬，能让孩子充满自信，从而更好地探索未知的世界。因此，在家庭教育过程中，家长的鼓励能有效帮助孩子用发展的眼光看待自身的发展和变化，以更积极的心态促进自身的成长。

2. 发挥积极暗示的作用。

积极的自我暗示可以让孩子在潜移默化中养成自信、乐观的性格。因此，在家庭教育的过程中，家长可以尝试每天和孩子共唱歌曲《你笑起来真好看》，让孩子在亲子的互动中感受到亲子间的关爱和家庭的温暖。此外，家长还可以营造积极的家庭阅读氛围，借助一些名人勇于面对困难与挫折的事例帮助孩子树立榜样，使其乐观、主动地面对困难、挫折。在不影响正常学习的前提下，家长还可以鼓励孩子发展个人的特长爱好，积极参加学校组织的娱乐活动，让孩子在活动中培养良好的综合素质，从而促进自身的健康成长。

◆ 策略三：提升自身素养，建立平等友好的同伴关系。

1. 营造安全氛围，给予孩子积极的鼓励和肯定。

人们终其一生，都在追求爱和归属感。一个被父母好好爱过的孩子通常能够更加勇敢、自信、有底气地面对生活。生活中，家长应该保持平和、稳定的情绪，为孩子营造安全、温馨的家庭环境。和睦的家庭关系更能给孩子安全感。如果夫妻关系不和睦，受伤的必定是孩子。孩子每天生活在紧张的气氛中，会变得胆小、脆弱、敏感；相反地，生活在和睦的家庭里，孩子往往会养成自信的、乐观的性格。因此，作为家长，我们要多关注孩子的内心和情绪变化，给予孩子充分的陪伴。此外，家长还可以定期开展家庭民主生活会，满足孩子自主、独立的心理需求。通过民主发言，家长可以帮助孩子树立规则意识，让孩子在和谐、愉悦的家庭环境中快乐地成长。

›› 2. 引导孩子建立积极的同伴关系，互助健康成长。

随着孩子进入青春期，家长需要注重引导孩子建立积极的同伴关系，让孩子的人格朝着健康的方向发展，同时关注孩子在校的学习与生活表现，避免让孩子产生“小皇帝”“小公主”等的优越感。另外，家长还应鼓励孩子多参加集体活动，让孩子借助集体的相互影响、相互作用，不断地改善自我，并成为一个拥有积极心态、受人欢迎的孩子。

悦纳是一种包容，也是一种智慧。在孩子的成长过程中，家长需要以积极的心态悦纳孩子的成长和变化，这对帮助孩子树立自信心有很大的帮助。当然，家长还应当引导孩子对自身进行合理评价，教会孩子换个角度看问题，引导孩子用发展的眼光看待自身的变化。只有这样，孩子才能真正学会以积极的心态迎接未来的生活。

美好青春
——为孩子做好不能回避的性教育启蒙

青春期的孩子正处于花一样的年纪。这一时期的孩子不管是在生理上还是在心理上都发生了巨大的变化。他们开始看重自己外表，对性也有着懵懵懂懂的意识，这正是家长们发挥引导作用的良机。因此，给孩子上一堂完整的性教育课，让孩子了解男女的生理构造，为孩子普及相关性教育知识，这是每位家长不可回避的责任和义务。

案例分析

丽丽是一名六年级的女生，发育较为成熟，体型较胖。由于家庭负担较大，丽丽的爸爸妈妈只能到附近的镇上打工。到了周末，他们才会轮流回家看看。尽管发觉丽丽的发育较为成熟，但是爸爸妈妈一方面缺少相关的性教育知识，另一方面也对这些事情感到很难为情，所以没有给丽丽必要的教育和引导。周一至周五，丽丽都是由爷爷奶奶照顾。放学回家后，丽丽基本上都把自己关在房间里，玩起了妈妈留在家的备用手机，渐渐养成了较为内向的性格。

六年级下学期开学后不久，妈妈带丽丽到街上买衣服，发现适合丽丽的尺码变大了。妈妈以为这只是因为丽丽又长胖了，所以并没有太在意。又过了一个月，奶奶发现最近丽丽时不时想呕吐，对平常最喜欢的红烧肉也提不起兴趣，反倒爱吃家里泡的酸仔姜、酸萝卜。丽丽也一直以为只是肚子不舒服，吃点酸的东西更对自己的胃口，所以也没放在心上。然而，奶奶对此感到不太对劲，于是给丽丽的妈妈打了电话，说明了丽丽的近况。第二天早上，妈妈以体检为名，带丽丽到县里的医院进行了检查，结果发现丽丽已经怀孕两个月了。得知这个消息后，丽丽和妈妈都感到很震惊。

回到家后，在妈妈的耐心劝说下，丽丽才把事情的经过说了出来。原来丽丽寒假的时候在网上认识了一个读高中的男生。两个人相互吸引，产生了好感，不知不觉就发生了性关系。丽丽由于缺乏性方面的知识，不懂得如何保护自己，所以没有采取任何的安全措施。听到这，丽丽的妈妈感到很生气，但更多的是懊悔，心中五味杂陈。丽丽这时也很慌乱、不安，急得哭了出来。事已至此，丽丽的妈妈也只能心疼地抱着丽丽，痛哭了起来。

这位读高中的男生与未满十四周岁的丽丽发生性关系的行为已经触犯了法律，引起了警方的介入。经法院审理，鉴于该男生未满十八周岁，且认罪态度良好，依法从轻处罚。最终，男生被移交当地少管所服刑，丽丽也得到相关未成年保护部门的及时帮助和正面疏导。

近年来，未成年怀孕事件接二连三发生。我们需要反思性教育的缺失给未成年人带来的伤害。在家庭教育中，有的家长对性教育感到羞耻，会刻意忽视或排斥。在青春期这个特殊时期，男女生之间会产生一种自然而美好的感觉，他们以自己所理解的方式与异性进行一些试探性交往，但正如案例中的丽丽一样，由于性知识的缺乏，怀孕却不自知，身心都受到伤害。之所以会出现类似上述案例中的情况，主要是因为以下几个方面的因素。

> >> 1. 性教育羞于启齿。

对于农村留守孩子来说，家长没有陪伴在身边，缺乏对孩子的关心和关爱，也羞于对孩子进行性教育，认为这是不好意思说出口的事。案例中的父母为了生计，外出务工，没有给留守家中的青春期的孩子进行必要的避孕知识和性健康教育，导致孩子缺乏科学的性知识。目前，孩子对于性的了解途径繁多，如影视作品、书刊、网络等，但这些渠道鱼龙混杂，孩子很容易被误导。有的家长就算意识到需要给青春期的孩子进行性教育、让孩子学会保护自己，却没有找到科学的方法。现在市面上有很多针对青少年的性教育读本，家长可以通过和孩子一起阅读相关书籍、和孩子私下交谈的方式，让孩子认识自己的身体，并会保护自己。

> >> 2. 懵懂情感缺乏引导。

农村留守儿童大多跟随爷爷奶奶生活，与在外打工的父母聚少离多，他们难以享受到父母及时的关注和呵护。案例中的丽丽性格比较内向，缺少与人交往的经验，导致她在没有认清危害的情况下就开始与人恋爱，并与对方发生性关系。

青春期的孩子开始关注异性，渴望与异性交往，这是正常现象。父母不必过度紧张，但需要及时对孩子进行相关的教育引导。引导青春期的孩子树立正确的爱情观，需要父母通过平等的交流与孩子探讨什么是“爱”。在尊重孩子隐私的基础上，让孩子一起去发现“他（她）为什么吸引我”，这也是帮助孩子更了解自己、完善自己的宝贵契机。案例中的父母没有对孩子进行足够的情感教育，没有教育孩子如何认识异性、什么是健康的亲密关系，因此孩子会误入“歧途”。

3. 孩子独立意愿强烈。

案例中的丽丽正处于青春期，这个阶段是儿童到成年人的过渡期，也是自我意识发展的飞跃期。进入青春期后，孩子要求独立的愿望越来越强烈，开始希望按照自己的想法去行动。丽丽缺乏父母关心和陪伴，需要通过其他方式来获得亲密感、归属感、安全感，因此，网上交友成了她的选择。

了解孩子

青春期的孩子正处于花样年华，这一时期身体的变化主要表现为外形的变化、身体内部器官趋向完善和性机能开始成熟。这个时期既是人身体发育迅猛、心理变化急剧的时期，也是第二性征萌发并趋向成熟的时期；这既是人生最美妙、最令人难以忘怀的时期，又是一个充满忧愁烦恼的人生十字路口。作为家长，我们需要了解孩子在这一时期的特点。

一、性机能发育成熟。

性机能成熟的标志是第一性征即性器官由原来的幼稚状态发展为成熟状态，成为具有生殖功能的成熟器官。由于第一性征的影响，第二性征即体态也随之发生了明显的变化。女孩第二性征发育的顺序是：骨盆开始增宽—乳晕突起—乳腺发育—阴毛生长—乳房膨大—腋毛出现—骨盆明显变宽，全身皮下脂肪增多，尤以胸、肩、臀和耻骨联合部位为甚，形成女性的丰满体态。女孩在 13～14 岁出现初潮，月经初潮是女孩青春期到来的重要标志之一。男孩的第二性征发育的顺序是：喉结增大—阴毛生长—声音变粗，乳头下有硬结—腋毛出现，变声—长胡须，阴毛分布呈菱形，形成男性的魁伟体态。男孩在14～15岁出现遗精，意味着男孩的生殖机能开始趋于成熟。

二、身心发展不协调。

进入青春期的孩子正处于个体发展的一个非常特殊的阶段，其生理发展十分迅速，在2～3年内就能完成身体各方面的生长发育并达到成熟水平。但其心理发展的速度则相对缓慢，心理水平尚处于从幼稚向成熟发展的过渡时期。这样一来，他们的身心就处于一种非平衡状态，以致产生种种心理发展上的问题。青春期孩子情感浓烈，热情奔放，情绪波动较大。他们既会为一时的成功而激动不已，也会为小小的失意而抑郁消沉。关注孩子生活的一些细节，家长可能会发现孩子有以下状况：特别爱打扮自己，常对着镜子左顾右盼；在家坐不住，经常找借口外出；放学回家喜欢一个人躲在房间里，不愿和父母多说话；等等。

三、生理保健知识比较匮乏。

很多孩子缺乏系统、完整的生理保健知识，对于青春期的身体和心理变化不知所措，对自己身体的变化是被动接受心态。有的女孩因为害怕别人看出她的变化，会通过含胸、束胸来隐藏自己开始发育的胸部，长此以往会影响孩子的身姿和自信。有的女孩在来月经后会以为自己患了绝症，不了解排卵与生育等基本知识。家长应该保持平和的心态，用积极的态度、科学的知识教育孩子。

四、心理困扰明显。

进入青春期，男孩子会出现遗精现象，部分孩子还会有自慰行为。有的孩子认为自慰行为没什么，有的孩子因缺乏科学的性知识而造成巨大精神压力，产生不正常的心理状态，如惶恐不安、忧虑、羞愧、有罪恶感等，在自慰后难以从紧张、焦虑、内疚的思想负担里解脱出来，对心理造成不小的伤害。

毫无疑问，青春期孩子的心理变化与生理发育密切相关，一系列生理上的急剧变化，必然伴随着心理的成熟，如性意识的萌发、成人感的凸显等。这个时期的孩子又有哪些心声呢？

1. “大姨妈”来，真麻烦。

哎呀，我的肚子好疼啊！都怪我贪嘴，“大姨妈”来了还偷偷吃了一根冰棍，真难受啊，太遭罪了，当女生真的太难啦！今晚回去让妈妈给我煮一杯红糖姜茶喝才行。

2. 心儿怦怦跳。

从小我就喜欢写日记，记录每天在学校发生的事情。那一天，我在本子上工整地写下了关于一个男生的文字：准备元旦节了，身为班长的他来找我商量排练班级的朗诵节目，我的心怦怦直跳……

3. 我“那个”了。

咦，我尿床了吗？怎么床单上湿了一片？我走出房间，偷偷问爸爸，是不是我长大了会“那个”啊？得到爸爸的回答后，我的脸唰地一下就红了。

在了解了青春期孩子的特点后，家长应该主动理解孩子在成长过程中的一些言行。对于青春期孩子成长中的一些问题，我们可以从身体、心理等方面去寻找对策。

实施指南

说到“性教育”，很多家长会觉得这是一个难以启齿或不知所措的话题。事实上，性教育是关于人的性生理、性心理和性潜力开发的教育，不仅要传授生理知识，而且还要灌输性价值观念、道德意识、法律法规，还包括良好的卫生习惯和保健方法。家长们要勇敢地迈出第一步，把“性”说出口，并尝试采取以下行动策略。

◆ 策略一：对孩子进行生理知识的教育。

1. 生活妙招来帮忙。

作为家长，面对孩子长痘、长胖等身体上的困扰，我们可以用一些生活小妙招来帮助孩子解决。例如，由于激素的分泌，孩子的脸上会冒出一颗颗痘痘，家长可以引导孩子每天做好面部的清洁，用洗面奶洗净脸上的油脂后，涂抹一些药膏上去。为避免痘痘多发，在饮食上避免吃辛辣刺激的食物，多吃清淡的食品，如蔬菜和水果等；少吃高脂肪和高糖食品，如肥肉、鱼油、蛋黄、芝麻、花生及各种甜品等。

很多青春期的女孩不知道给自己选择合适的文胸，那么家长应该如何帮助孩子呢？首先要让孩子了解乳房。支撑乳房的纤维结缔组织和肌肉不同，是没有弹性的，因此挑选少女内衣时应选择柔软舒适的面料，避免压迫发育中的乳头和乳房。妈妈最好和孩子保持沟通，每隔一个月左右，主动询问孩子文胸是否有紧或松的感觉。如果有，那就及时更换。真正对胸部发育有好处的是体育锻炼。家长可以带孩子多做广播体操，其中的扩胸运动，或是双手拉弹力器的运动，对胸部发育有好处；

也可以带孩子游泳，游泳时水压会刺激胸部的脂肪组织，经常游泳可以帮助孩子矫正平时含胸驼背的姿势，游泳还有利于保持挺胸收腹的健康身姿。

2. 性教育要及时。

家长需要给青春期的孩子进行必要的避孕知识教育和性健康教育。在生活中，家长可以引导孩子浏览青春期教育网站或阅读科普读物，教育孩子学会处理一些突发情况，比如裤子被月经弄脏了该如何处理。

月经初潮是女孩青春期到来的重要标志之一。虽然月经对很多女性来说是一件比较麻烦的事，尤其是刚来月经的女孩，但这是件值得纪念并且自豪的事情。女孩们应该用积极乐观的心态迎接自己月经的到来，在成长过程中不必因为月经而感到尴尬或害怕。

某个关于青少年性教育的视频中有这样一个情节。一个女孩第一次来月经，她的妈妈知道了这件事，她召集全家人一起庆祝了女孩第一次来月经，并且对女孩说："这是一件美好的事情，说明你拥有了生小宝宝的能力。"妈妈的话影响了女孩。后来，每当身边的朋友抱怨来月经时，女孩总会记得妈妈当时传递给自己的积极乐观的态度。

◆ 策略二：关注孩子情绪方面的变化。

1. 拓展沟通渠道。

面对青春期的孩子，家长可以在家里设置一面沟通板，通过关切的留言、趣味的问候来与孩子互动，可以问问孩子今天过得怎么样，做了些什么，想办法了解孩子的状态。家长需要放下权威，倾听并理解孩子的真正渴求，打破孩子内心的枷锁。此外，家长还可以做情绪卡挂在沟通板上，用不同的颜色卡片代表不同的心情，比如橙色代表很开心，黑色代表心情不太好……家长和孩子进行颜色与心情的约定。孩子每天出门上学和放学回来，可以根据自己的心情来摆放卡片的颜色，而家长可以通过情绪色彩卡来了解孩子的心理状态，及时为孩子排解不良情绪。家长可以告诉孩子，不管发生什么，自己都随时可以提供支持，愿意倾听他们的感受，了解他们的想法，鼓励孩子自在地讲出自己的感受。

2. 巧妙运用有效的沟通方式。

（1）沟通前

①用愉快的语气、语调和孩子打招呼

②察言观色，确定孩子有心情和时间说话

③征求孩子的同意，问是否能聊聊

④从聊孩子感兴趣的话题开始

（2）孩子受挫，如何沟通

①往好的方面思考，培养孩子的乐观思维

②理性思考，回归事件，理智分析

③思考接下来可以怎么做

（3）倾听孩子心声的技巧

①营造轻松舒适的倾听环境

②说话时注视孩子，保持目光交流

③表情自然放松，随孩子说话内容变化

④不中途打断孩子的话

⑤适时而恰当地提出问题

◆ 策略三：引导孩子调节情绪。

1. 接纳与承担。

①鼓励孩子首先接受正在发生的事情（此刻的处境，孩子对事情的反应、情绪和想法）。

②鼓励孩子立足当下，认清当下的处境，尽力而为。当事与愿违时，教育孩子学会承认并且接受事情的结果。

③教育孩子允许自己在不如意时有各种感受和情绪。

④让孩子学会找到缓解情绪的办法，如用词语描述情绪、写情绪日记，等等。

2. 转变视角。

情境	想法以及可能 引发的情绪	替代性的想法以及 有可能随之改变的情绪
朋友没有回我短信	他们不在乎我 ——感觉孤独失落	他们的电话可能不在身边，他们可能需要过段时间才会回复我 ——失落，但是感觉好些了
妈妈说我在家里帮不上什么忙	她觉得我很没用，我们就是处不来 ——失落，绝望	我想她是不是很心烦，她刚刚才和外婆通完电话 ——关切，好奇
这个礼拜这么多作业	我永远都做不完，我的成绩会受影响 ——缺乏动力，绝望，担忧	先试试看，做一些也好。我就尽力吧。可能有时候就是不能全部做完。我此前成绩还可以，所以很可能还是维持原状 ——平常心、尽力而为

3. 转移注意力。

家长还可以引导孩子可以通过享用美食、深呼吸、运动、听音乐、看书等方法转移注意力。心理学研究表明，聆听音乐可以帮助人们宣泄和平复情绪，使人放松心情，同时也给人带来力量感。如果发现孩子对某位同龄人产生了情愫，家长不必惊慌失措，可以引导孩子明确自己的心意，明白自己为何会对某人产生异样的感觉。如果这种青涩的情感影响到孩子的学习，让孩子感到苦恼，家长可以转移孩子的注意力，引导孩子思考现阶段最重要的事情是什么，让孩子慢慢把注意力放回到学习上。此外，家长还要多观察和关心孩子的身心状态，多尊重孩子的感受，如遇到自己无法解决的问题时，要及时带孩子寻求更专业的帮助，以免影响了孩子的健康发育。

性教育不仅是知识教育，也是人格教育。希望每一位家长都能以开放的观念、包容的态度，用恰当的方法和孩子一起学习科学的性教育内容。

延伸拓展

阅读推荐

1.《亲子运动游戏》(主编：刘继勇、陆大江；出版单位：复旦大学出版社)。

理由及建议：该书的部分游戏配有演示视频，除了从儿童成长和运动的专业角度讲解游戏的规则和目标，每个游戏还有对儿童近视、肥胖等干预效果的评估。通过对该书的阅读，孩子和家长可以共享运动的乐趣，可以促进亲子关系融洽。

2.《让孩子保持阳光心态的枕边书(第2版)》(编著：卢帼芹；出版单位：中国纺织出版社)。

理由及建议：该书精选了一百多个极具趣味和哲理的故事，让孩子感受到生活充满积极的能量。当家长们忧愁时，或者感受到自卑和压抑时，可以尝试阅读该书，或许能从中获得自信、乐观、积极的阳光心态。

3.《性教育这样讲：85个性教育实操案例》(主编：王晓斌、方刚；出版单位：东方出版社)。

理由及建议：该书用85个鲜活的性教育案例讲解性教育知识，让家长们全面认知性教育，掌握正确的性教育方法，学会如何对孩子进行性教育启蒙。

青春期是人从儿童发育到成年的过渡期。在这个特殊的时期，孩子不仅身体会发生巨大的变化，而且心理上也会有很大的波动。作为家长，我们需言传身教，起到示范作用，真正关心和爱护孩子。希望家长能从以上所推荐的书籍中受到一定的启发。

评估改进

一、自我评估

养成终身运动的良好习惯，培养一项运动特长，需要长期的坚持，也与父母对待体育锻炼的态度息息相关；悦纳孩子的成长，了解和接纳自己长处和不足，是一种智慧；家长是孩子最好的性启蒙者。亲爱的家长，您是否注重培养孩子积极阳光的心态，是否注意呵护孩子的身心健康？现在请您通过下面的测试进行自我评估吧！

	是	否
① 您是否认同“运动促健康，体育促发展”的理念？	□	□
② 您支持孩子进行体育锻炼吗？	□	□
③ 您一周会参与3次以上的体育锻炼吗？	□	□
④ 您的孩子至少有1项运动特长吗？	□	□
⑤ 您是否为孩子制定过相应的锻炼计划？	□	□
⑥ 您是否喜欢和孩子在一起进行体育锻炼？	□	□
⑦ 您觉得自己是一个有价值的人吗？	□	□
⑧ 您常常不会生自己的气？	□	□
⑨ 您对自己的容貌满意吗？	□	□
⑩ 当您受挫折后，不会长时间沉浸在自责中。	□	□
⑪ 您不太担心自己的健康。	□	□
⑫ 您不会乱发脾气。	□	□
⑬ 您觉得自己能接受家人的不足。	□	□
⑭ 您是否会正面回应孩子提出的关于性的问题？	□	□
⑮ 您觉得在家庭中，男孩的性教育主要由爸爸来进行会更合适吗？	□	□
⑯ 您认为性教育应该从小学阶段就开始吗？	□	□
⑰ 您的父母是否给您提供过让您受益的性教育？	□	□

	是	否
⑱ 您觉得父母在孩子面前亲吻，会对孩子有影响吗？	□	□
⑲ 假如您和孩子正看电视，剧情正出现男女主角亲吻，您不会立即关掉电视。	□	□
⑳ 发现自己的孩子正在房间里自慰，您会正面引导吗？	□	□

【评估参考】

如果您选择的“是”越多，说明您是关爱自己和家人健康，有良好的运动习惯，并且能身体力行为孩子做榜样示范的家长，对性健康有正确的认识，且在孩子的性教育方面做得很好，请你继续保持。如果您选择的“否”较多，请您从现在起，改正自己来影响孩子哦。

二、改进计划

亲爱的家长，您好！阅读本专题后，您应该对如何引导孩子成为积极阳光、身心健康的青少年有了更全面的认识。下面请您结合实际情况，写出自己的改进计划，并逐项完成。

第六专题 家校共育 赋能未来

2021年7月，中共中央办公厅、国务院办公厅印发了《关于进一步减轻义务教育阶段学生作业负担和校外培训负担的意见》，针对减轻孩子过重作业负担、提升学校课后服务水平、全面规范校外培训行为、大力提升教育教学质量、强化配套治理等方面做出明确规定，把未成年人的教育引向身心健康全面发展的新格局。

2021年10月23日，中华人民共和国第十三届全国人民代表大会常务委员会第三十一次会议表决通过了《中华人民共和国家庭教育促进法》，自2022年1月1日起施行。这是我国首次就家庭教育进行专门立法，不仅强调了未成年人的父母或者其他监护人的教育职责，同时也呼应了减轻义务教育阶段孩子作业负担和校外培训负担的“双减”要求。

如今，家庭教育从“家事”上升到“国事”，开启了“依法带娃”的时代。在六年级这个关键的成长节点，家校协同育人，形成“教育共同体”，显得尤为重要。那么，在“双减”背景下，学校应当如何在育人过程中调动家长的主动性？家庭如何成为学校教育的“最佳同盟”？什么样的家校协同育人机制是有效的？相信本专题能给家长们带来一些启发。

抵制诱惑

——对不良行为说“不”，朝着理想不断努力

现在的青少年正处于一个信息来源丰富、价值观多元的开放社会环境中，他们应对社会各种关系的能力和心理都处在发展阶段，有时无法分辨哪些是诱惑，更难以抵制诱惑。下面几个案例也许能引发我们的思考。

案例分析

案例一：我是“大姐大”。

小芳是某镇中心学校六年级的孩子，尽管才12岁，但是烟龄已经有2年了。自从父母外出打工，把她留给务农的外公、外婆照顾，她就过上了“无拘无束”的生活。每个周末，几个“大姐大”经常带着小芳到KTV、歌舞厅去玩，认识一些社会闲散人员，抽烟喝酒不在话下，这让小芳逐渐脱离了正常的学习生活。

案例二：冲动是洪水猛兽。

小唐是一名读小学六年级的孩子，他与青年小西是邻居。某日，小唐来到小西住处借口用其电脑，小唐趁小西不备，猛击小西头部，最终致小西身受重伤，瘫痪在床。据公安调查，两人并无仇怨。在警方的审讯中，小唐交代，他从小学六年级开始就在乡下、县城的网吧里接触各种暴力电子游戏，对某款游戏尤其沉迷。在游戏中，玩家需要通过互殴的方式战胜对手实现升级。根据小唐交代，他想体验一下现实中的暴力打斗是什么感觉，是不是像在游戏里一样简单又有快感。

案例三：哥哥把我带到吸毒会所。

某日晚，某市公安局禁毒大队突击清查某夜总会，在某间包房内，发现吸食毒品用的托盘、吸管等。清查中，民警还发现了一名年仅13岁的六年级女生小静。小静说，她父亲去世，母亲离家出走，她是随哥哥一起来此玩耍的。民警当即对该夜总会吸纳未成年人的行为进行训诫。

每一个让我们痛心的孩子，大多都是复杂的社会问题和不当的家庭教育的受害者。之所以会出现案例中的情况，主要是受到以下几个方面因素的影响。

>>> 1. 家庭教育形式、内容过于单一，缺少针对复杂情况的教育。

小学六年级正是孩子个性形成的重要时期，也是家长对孩子实施适应社会、增强辨别能力等相关教育的关键期。很多父母没有掌握好教育孩子的方法，对培养孩子正确对待社会的各种人、事、物等的能力，没有给予足够的重视。尤其是在当下全社会对孩子学习成绩的过度关注影响下，家长们的目光总是牢牢盯着考试成绩不放，跟孩子的交流也基本围绕着“今天作业写完没有？”“这次考试得了多少分？”“在班里排第几名?”，不少父母与子女因此闹得很不愉快。

现实生活中有许许多多的诱惑：金钱、权力是诱惑，玩手机也是诱惑，生活中处处都是诱惑，但我们往往容易忽视它们。六年级的孩子抵御诱惑的能力尚不足，暴力、毒品的“快感”会轻易侵蚀他们的身心，诱使他们走上犯罪道路，甚至失去宝贵的生命。

>>> 2. 父母对孩子的行为认识过于简单，与孩子缺乏沟通。

不少六年级的孩子不爱与家长沟通，用家长的话来讲就是：“孩子现在正处于叛逆期，不喜欢和我们沟通，也不愿意听我们的话。”其实，我们并不能完全用“叛逆期”和“青春期”来形容和概括孩子当前的状态，因为“不喜欢与家长沟通”只是这个年龄段的孩子开始认识世界、寻找自我的一种表现。这一时期的孩子渴望得到更多的尊重和理解，不希望大人对自己过多干涉，不与家长沟通说明孩子认为有些事不值得跟大人讲，或者跟大人讲了也没用。作为家长，我们不能简单地把孩子的这种变化行为归纳为“叛逆”，而应该走进孩子的生活与内心，了解他们在思考什么、追求什么。

》》 3. 家校缺乏有效沟通，没有形成教育同盟。

案例一中的小芳只有外公、外婆照顾，而两位老人年纪大，也缺乏关心孩子成长的意识。父母在外打工，想当然认为孩子交给学校，应该不会出什么问题。事实上，学校作为集体教育场所，针对个体的关注难免不足。对于留守家庭的孩子而言，老师很难及时联系上家长，也就谈不上保持教育一致。案例三中的小静，父亲早逝，母亲离家，哥哥本身就还是个孩子，不能作为监护人履行监护义务，更没有教育妹妹的能力，导致家校沟通长期处于脱节的状态。

了解孩子

客观来说，青少年容易被诱惑有着复杂的原因。好奇心强、自制力弱、渴望得到认同等心理特征是一方面，合理引导不够也是重要原因。在教育过程中，造成孩子抵抗不了诱惑的原因主要有以下几个方面。

一、孩子具有强烈的好奇心。

六年级的孩子尚处于人生观、世界观形成的阶段，他们具有强烈的好奇心，想尝试很多新鲜的事物。这个阶段的孩子身体迅速发育，会引起心理的变化。他们有自我成熟的强烈感受，觉得自己已经长大，希望成人把他们当作大人来对待。有的孩子甚至吸烟、喝酒，认为这是成年人的权利，他们亦应得到。面对社会诸多的不良诱惑，孩子渴望成熟、独立的心理一方面推动着他们的独立能力与实践能力迅速发展，另一方面也容易引致越轨的行为。他们求知欲强，兴趣广泛，凡觉得新鲜的事物就想了解和尝试。但是，由于他们的社会实践少，经验不足，且辨别能力不强，看问题易片面和表面，所以很容易被那些带有一时快感的事物所诱惑。

二、孩子的自制自控能力不强。

对于很多家庭来说，孩子要什么，家长就给什么，孩子合理、不合理的要求都能得到满足。因此，孩子的自制力得不到锻炼，没有办法在不良诱惑面前控制住自己的欲望。有时候还会为了得到朋友的认可，做一些不情愿但是又碍于朋友面子而不好拒绝的事情，因而容易误入歧途。在短时间内，孩子并没有亲身体会到不良诱惑所带来的恶果，相反享受到一时的快感。正因如此，孩子对各种诱惑的抵抗能力非常低。

安安是家里的独生子，从小在家里就“要风得风，要雨得雨。”六年级的时候，安安迷上了某款热门手机游戏，身边的朋友都在玩，他自然也不甘落后，缠着爸爸、妈妈买手机玩游戏。起初，父母坚决不同意，但是爷爷奶奶禁不住孩子软磨硬泡，自作主张给孩子买了一部手机，从此安安就沉迷于手机游戏不能自拔。安安不但在家里成天抱着手机打游戏，还偷偷带到学校去和同学一起玩，致使成绩一落千丈，人也渐渐精神萎靡。

三、社会环境日趋复杂，海量信息难以辨明。

在飞速发展的信息化社会，六年级的孩子每天接收到的信息五花八门，这些信息来自各个领域，使得孩子的心智成长速度比过去快得多，思想趋于“成人化”。这一时期，孩子的价值观尚未完全形成，接触的信息量又太大，以致难以明辨是非，区分对错。

遥遥正在读六年级，最近，他发现班里的男生总是在神神秘秘地讨论着什么，他好奇地凑过去参与，结果被推荐了一些不良网站。出于好奇，回到家里，遥遥打开这些网站，一看，尽是些不堪入目的东西。一开始，遥遥觉得不好意思，后来逐渐变得没事就想看看。这一天，遥遥的爸爸看到儿子的房间里有亮光，进来一看，勃然大怒。在爸爸的严厉责问之下，遥遥才认识到，这些污秽的黄色信息就是毒瘤，会影响孩子的心智健康。而且，他晚上浏览这些不良信息，影响了正常的作息，睡眠不足，长此以往，会损害身体健康。

面对形形色色的诱惑，孩子们的心里是怎么想的呢？

1. 爸爸妈妈可以做，为什么我不能做？

我已经是大人了，可是爸爸妈妈成天还把我当成小孩子，这也不让我做，那也不让我做。爸爸妈妈可以不停地玩手机，可以和朋友们在一起喝酒、抽烟，喝到很晚，影响我休息。可是，我自己想玩手机的时候，他们就会大声骂我，从来不把我当成大人看。

2. 我真的控制不了自己，怎么办？

我也知道天天抱着手机不放是不对的，但是我就是控制不了自己，实在太吸引人了，游戏画面又漂亮，玩法又新奇。更重要的是我的很多好朋友都在玩，如果我不玩，我就根本没办法和他们一起交流，怎么办呢？

3. 我身边都是这些不良信息，怎么办？

每次上课，老师打开电脑，都会弹出烦人的广告，有时是砍怪物的游戏广告，有时是赌博网站的视频，有时还会有污秽的黄色信息。身边的朋友也在传播很多黄色图片，还专门建了一个群发图片，我不管在哪里，都能看到这些不良信息，怎么办？

实施指南

家长应重点培养孩子的非智力因素，如意志力、坚忍力、自制力等。建议家长们从以下几个方面着手。

策略一：远离诱惑，减轻危害。

1. 正确认识，明辨诱惑和需求的不同。

在日常生活中，家长应多关注孩子对于诱惑的认识和态度，教育孩子明辨诱惑和需求的不同：需求不会损害长远利益，而诱惑却会损害长远利益。比如，吃饭、穿衣、求知，既符合眼前利益，又不会损害长远利益，这是需求；然而，像吸烟、喝酒、赌博等嗜好尽管能满足人们一时的快乐，却会损害身体健康，使人养成不良行为习惯，损害长远利益，这是诱惑。

小毅是某村小学的六年级孩子，一天上学，被同学小孙拉到厕所里，还有几个平时最要好的“哥们”，要一起试试抽烟。小孙从口袋里掏出一包烟，说是从家里偷出来的，当场分了每人一支。小毅想起妈妈经常教育自己，抽烟、喝酒都是对身体有害的，心理产生了犹豫，但是又碍于面子，只能借口去厕所门口“放风”，没有抽烟。事后，教导处老师闻到厕所的烟味，查出了这件事，幸好小毅当时没有尝试，才免受处罚。

2. 及时制止，及时纠正。

当孩子沉迷于不良诱惑而无法自拔时，家长一定要马上对孩子进行教育，讲明其危害，帮助孩子尽快纠正不良行为习惯。此外，家长还需要尽快联合老师，家校同步关注孩子的动态，避免孩子在家长监督不到的地方再次犯错。

3. 正确利用网络，自觉抵制不良诱惑。

对于网络诱惑，家长应当加强学习，及时了解计算机、网络的一般常识。为此，家长可以向孩子推荐健康、文明、有益、有趣的适合青少年的网站，教他们认清哪些属于黄、赌、毒等不健康的网站，同时家长还应主动掌握一些必要的限制孩子上不良网站的方法，给孩子正确的引导。

4. 关注兴趣，培养孩子的综合素养。

家长引导孩子上网时，要善于发现孩子有什么样的兴趣，然后引导他往这个方面发展。比如，孩子喜欢写作，家长就可以引导孩子写博客，孩子用于玩游戏和聊天的时间自然就少了。

晨晨的爸爸很爱上网，他在网上结识了多家期刊编辑部的编辑，并和他们保持密切联系，每月定期把晨晨的作文通过电子邮件投稿到各期刊，不仅让晨晨成为了小有名气的“小作家”，还得到了不菲的稿费，让晨晨特别自豪。每逢周末，爸爸就和晨晨在网上学习。在爸爸的影响下，晨晨也喜欢到网上“冲浪”，搜集各种素材，用于制作手抄报；在自己的社交账号里写文章，发到班级群里和大家分享。在爸爸的鼓励下，晨晨甚至还学会登录知网浏览一些专业论文，并把自己上网的心得写成了“绿色上网小秘籍”，和班级里的同学们分享。

◆ 策略二：设置条件，合理管控。

对于玩手机、上网等，家长需要制定明确的约束规定，从使用时间、使用空间、使用规则等方面做出要求。

①制定时间管理约定。家长可以用约定的方法，例如和孩子一起实施家人使用手机“约法三章”和“责罚制度”。制定时间管理的约定：从周日晚（进入学习角色）到周五下午不能玩手机，周五晚到周日允许玩手机，但每次玩手机的时间不能超过一小时。

②制定空间管理的约定。大家都在客厅里公开使用手机，不得躲在其他房间规避监督，大人同孩子一样不得违反约定，凡违反约定者都要受罚。

③制定使用规则。不能连续玩手机，中间需要安排体育锻炼、家务劳动、阅读的时间，不能影响正常的睡眠和学习。

④控制上网的时间，限制上网的内容。家长可以制定上网规则，一周不超过两个小时，不沉迷游戏、不浏览不健康的网页、不公开个人信息和照片……家长还可以安装具有屏蔽过滤功能的软件，屏蔽过滤掉不适合孩子接触和浏览的网页内容，和孩子相互监督。当然，家长还要杜绝孩子去网吧上网。

总之，设置合理的管控措施能很大程度上减少诱惑，让孩子尽可能多地感受通过网络进行学习与生活的好处，帮助孩子养成正确上网的好习惯。

◆ 策略三：多方共育，家校携手。

>>> 1. 主动配合学校。

对于未成年人的思想教育，国家有明确的要求，家长应该严格遵守相关规定，同时积极配合学校的各种措施。比如，当学校响应教育部发布的《关于加强中小学生手机管理工作的通知》，贯彻执行相关的手机管理制度时，家长应该主动配合，坚决不让孩子携带手机进教室，同时在家里也应该制定使用手机的相关家规，真正把家校合作落到实处。

2. 鼓励孩子参加学校举办的各类活动。

学校针对沉迷网络开展的“合理上网”主题教育活动、针对毒品开展的“禁毒宣传月”活动、针对金钱观念开展的“杜绝攀比”倡议活动，都可以教育孩子的思想言行，家长应该鼓励孩子积极参加此类活动，并在活动后和孩子交流体会，了解孩子的思想动态。

3. 主动和老师沟通孩子的情况。

家长应主动和老师沟通孩子的近况，尤其关注孩子是否有家校表现不一致的现象，及时更正自己教育孩子的方式，让孩子远离各种不良诱惑，健康成长。

减负提升
——克服焦虑，减轻压力，总结升华

案例分析

案例一：正确看待“双减”政策。

六年级的小檀从小是一名品学兼优的好学生，不光在学校表现优异，兴趣爱好也非常广泛。“双减”政策出台后，平时的网课、线下学科培训也陆续停掉了，小檀像一根绷着的弦突然被人松掉一般，没有向上的那股劲儿了。为此，老师和家长特别为小檀解读了什么是“双减”政策。一个学期下来，小檀的学习劲儿又足了，上课聚精会神，又变成了从前那位冲劲十足的小姑娘。

案例二：乐学乐成长。

为让学生感受汉字的魅力，五年级的语文老师为孩子们设计了有趣的创意作业。在猜字谜、搜字谜、编字谜顺利完成后，老师鼓励孩子们把自己喜欢的字谜制成灯谜，与同学们来一场制灯谜、猜灯谜比赛。孩子们利用课余时间，在爸爸妈妈的帮助下，精心设计、制作了一个个充满创意的灯笼。“减负不减质，乐学乐成长”。

案例三：家校沟通。

“双减”政策出台，让家庭的可作为之处也越来越多。某小学开展了一项名为“家校成长课堂”的活动。通过微信公众号，构建起了家校沟通、携手成长的大天地。通过学习“父亲不‘隐身’”这堂课，子墨爸爸明白了：孩子沉迷手机游戏，归根到底还是父母的陪伴不到位。于是，他在工作之余挤出时间多和孩子在一起，陪孩子玩。随着亲子互动增多，家中也多了欢声笑语！减负不减责，需要家长和学校“双向奔赴”。

中小学生过重的课业负担，一直是我国教育改革所面临的一个重要问题，这一现象不仅摧残了孩子的身心，还阻碍了素质教育的发展。“减负到底应该怎么样减”这个问题引起了广泛的社会关注。造成课业负担过重的原因既有传统文化的影响，又与应试教育下的考试制度及评价方式有关，还与家长的期待和要求紧密相连。下面我们详细分析一下“双减”政策颁布的原因。

1. 传统学习追求“两耳不闻窗外事，一心只读圣贤书”。

自古以来，“万般皆下品，唯有读书高”“望子成龙”“望女成凤”等观念在国人心中根深蒂固；“书山有路勤为径，学海无涯苦作舟”已成为一代代学子的座右铭。所以，勤学苦读就理所当然地成了教育孩子的普通方法，好像谈到学习就一定要寒窗苦读，追求真理就一定要埋头苦干。然而，多元智能理论告诉我们，每个人都至少具备自然智力、语言智力、逻辑数学智力、音乐智力、空间智力、身体运动智力、人际关系智力和内省智力，智力的基本性质是多元的——不是一种能力而是一组能力，其基本结构也是多元的——各种能力不是以整合的形式存在而是以相对独立的形式存在。现代社会需要各种人才，这就要求教育必须促进每个人各种智力的发展，让个性得到充分的发展和完善。传统的教育观念显然已经不适合社会的发展要求，必须更新大众的教育观念。

2. 家长的过度期待违背了孩子的成长规律。

其实，“望子成龙”“望女成凤”的思想本无可厚非，但是家长过度的期望，给孩子增加了过重的负担，他们每天完成学校沉重的课业之后，还要面临各种课外兴趣班。马不停蹄地奔走，不断地刷题，似乎只有这样才能够取得好的成绩，才符合家长心目中“好孩子”的标准。家长们总有一种“别人的孩子都补课，我的孩子不补，就会失去竞争力”的焦虑心态。加上“双减”政策颁布之前，很多培训机构为了营销不断贩卖焦虑，以所谓的“你不让我们培养你的孩子，我们就培养你孩子的竞争对手”来诱导家长们争先恐后报读校外学科提高班，实际上这是违背孩子成长规律的“揠苗助长”，其结果可以预见。

3. “双减”以前的考试制度和评价方式过于单一。

家长和教师敦促孩子刻苦学习，主要目的是应对大大小小的考试。考试分数成了评价学校教师、孩子的基本依据，升学率几乎成了社会评价学校和教师的唯一标准。为了使孩子考出好成绩，教师只好让孩子们战斗于题海之中，这成了师生之间无可奈何的选择。

从案例的做法中不难看出，学校、老师和家长实施“减负”是对孩子有利、对教育有利的做法，是推进教育变革的大胆尝试，这就要求课堂要有质量，课后作业的安排要有科学性、有效性，减轻课外辅导的负担。在2021年“双减”政策颁布实施以后，多地的小学开始创新探索“无纸化测试”，设计“游戏闯关”“学科融合”“亲身实践”等更符合小学孩子特点的评价方式，让评价更加多元，让孩子享受学习的快乐。

了解孩子

六年级的孩子开始进入青春期，这是人生中比较特殊的时期，身心的发展是复杂、不平衡并充满矛盾的。作为家长，我们需要更深入地了解孩子，让孩子的成长能有更多支持与引导。这一阶段的孩子主要有以下几个特点。

一、需要学习动力。

到了六年级，孩子逐渐理解学习的意义，学习动机更清晰、明确，孩子“我要学”的观念也更加强烈。

尽管内部学习动机逐步发展，但这一阶段孩子的学习动机仍以外部学习动机为主，所以他们还是容易受到外界的影响。父母的期望便是其中重要的影响因素之一，有的父母能及时肯定孩子在学习上的进步，鼓励孩子坚持，给孩子较大的自主发展空间，充当为孩子提建议和指方向的角色。在这样的父母的教育下，孩子的学习主动性更强，更容易形成“我要学”的想法。有的父母对孩子的学习活动限制很多，要求很多，不给孩子一点选择的空间。这种专制的行为使得孩子连喘息的机会都没有，严重压抑了孩子的主动性。孩子容易认为“学习是为了父母”，学习动力会减弱。另外，孩子也渴望得到老师的肯定、与老师平等交流、获得尊重。因此，老师对孩子学习成果的肯定和尊重，也会成为孩子学习的动力。

二、渴望得到肯定。

六年级孩子心理上开始有对独立的渴望，想摆脱父母和其他成人的束缚，对于自我管理的意愿非常强烈，希望按照自己的安排来学习；而孩子自身的“半成熟”状态又让其在遇到困惑时希望得到成人的理解、支持和保护。家长如果不了解孩子这一时期生理和心理上的变化，没有倾听孩子的意见，不尊重孩子的独立意识，只顾按照自己的想法给孩子额外“加料”，那么很容易导致孩子出现反感情绪，降低了学习效率。

潘潘自小是一个聪明、勤奋、顺从的孩子，是“别人家的孩子”。可惜在六年级下学期时，她的成绩不再亮眼。为继续满足父母对学业成就的极高期待，她从伪造第一张成绩单开始，一直对家人隐瞒自己的真实成绩。当谎言渐渐被戳穿，父母对她采取了严厉的惩罚，导致她心理崩溃，患上重度抑郁症。

可见，孩子希望得到的是无条件的肯定和接纳，而不是只对取得优异的成绩作出肯定。

三、渴望得到帮助。

有的家庭把教育问题都依赖于学校，放松了家庭教育。有的家长自己无法辅导孩子学习，孩子回家后，又让他们干这干那，导致孩子无暇看书学习，这样的孩子其实非常需要得到帮助。

有一位叫黄慧的孩子，平时热情开朗，与人友善，课上发言积极，但她最大的问题是每天的作业不能按时上交，老师批评过她好几次，也没有效果。原来，她的爸爸在外打工，妈妈爱好打麻将，每天吃过晚饭，就去旁边邻居家打牌去了，一打就好几个钟头。黄慧遇到不会做的题目，没人可以请教。老师发现后，没有问原因就狠狠批评了她。后来，她一做作业心理就有负担，继而对做作业失去了兴趣，直到越来越不想做作业。

其实，如果黄慧的母亲尽到监护人应有的责任，老师能倾听孩子的心声，及时帮助辅导，就能及时帮助孩子解决问题。而黄慧同学遇到学习中的困难，在母亲不能给予帮助的情况下，没有积极地寻找其他办法解决困难，而是采取不做作业的消极行为，这显然是一种错误的处理方式。

关于学习安排和课业负担，我们不妨来听听孩子们怎么说。

1. 我知道学习是自己的事。

小时候，爸爸、妈妈就经常教育我，学习是自己的事，通过学习，我能掌握很多知识和本领。未来，我想成为一名宇航员，这不光需要丰富的知识，也需要强健的体魄，所以我会恰当安排我的学习和运动时间。

2. 多看看我的优点，好吗？

爸爸、妈妈总是说：“你看看别人家的孩子，学习多自觉，天天不用别人催，你就总是不写作业。”我很不服气，他跑步不如我快，科学实验也做得不如我好，但是爸爸、妈妈不在学校，根本看不到我的优点，只会盯着我的语文、数学、英语成绩，成天数落我。

3. 题目太难了，我真的不会做。

我上课已经很专心了，笔记也没少记，可就是弄不懂这些问题。别人一下子就明白了，我却总是“慢半拍”。有时候作业不会做，也没有人愿意教我，老师看到我的作业没做完，就只会批评我，我真的不知道该找谁帮助我提高学习成绩。

总之，减轻孩子的学业负担，需要家庭、学校、老师的密切配合，还要孩子自身有正确的认识。孩子学习负担问题牵涉面很广，它是一个十分重大的问题。我们既要在理论与实践上探索出减轻孩子学习负担的思路与办法，又要防止因减轻孩子学习负担而使教育质量下降的倾向。

实施指南

我们家长在教育孩子时可以问自己：是否树立了正确的教育观念？

是否了解了孩子某次考试成绩不好的缘由呢？是否向孩子详细解释了“双减”政策的意义呢？如果答案都是“否”，那么以下策略将非常适合于各位家长。

◆ 策略一：转变教育观念，为孩子长远发展谋划。

对于孩子的减负工作，家长的教育观念非常重要。无论学校教育还是家庭教育，都不能过于注重分数。分数是一时之得，孩子还没有形成健康成熟的人格，因此要从一生的成长目标来看。

1. 与时俱进，及时更新教育观念。

作为家长，在教育孩子的过程中，我们需要跟上时代的步伐，主动纠正过时的教育观念，打破传统的“万般皆下品，唯有读书高”思想，转变考上理想大学就能飞黄腾达的狭隘观念，让孩子树立正确的职业观，不能以唯有上好学才有出路之类的话来给孩子施压。

2. 客观地认识孩子的发展，学会放手让孩子独立。

每个孩子都是独立的个体，不能把自己未完成的愿望强加到孩子身上，要了解孩子的现阶段发展状况，更要长远谋划孩子的未来可能。六年级的孩子已经慢慢成长为独立个体。孩子与父母的分离，其实从很早就开始了。到了六年级，孩子已经准备好独立地进入新的人生阶段。家长应客观地认识孩子这一阶段的特点，放手让孩子学会自我成长，成为真正独立的个体。

3. 适时给予孩子有效的帮助和指导。

作为家长，我们应该认识到减负绝不是说放任孩子，想学就学，不想学就不学，而是要转变机械重复的学习方法，帮助孩子梳理学习的内容，找到记忆的规律，掌握提升能力的方法，学会总结。

学习从来就不是一件轻松的事，它不仅需要孩子勤奋刻苦，也需要父母的耐心陪伴。在孩子想要放弃时，父母可以了解孩子想要放弃的原因，帮助孩子分析坚持的必要性。父母应教育孩子，不要半途而废，并指导他们如何坚持。

◆ 策略二：营造愉快学习氛围，让孩子乐于学习。

孔子说："知之者不如好之者，好之者不如乐之者。"家长应该根据孩子的心理特点，用多种方法启发孩子乐学，营造愉快的学习氛围，使所学的知识成为宝贵的礼品，而不是艰苦的负担。

> >> 1. 建立平等和谐的亲子关系。

父母真心诚意与孩子平等地交往与交流，让孩子享受到生活的快乐，他们自然会感受到学习的乐趣。

小俞从小开始学钢琴，七岁时获得了钢琴比赛第一名，八岁时就考过钢琴十级。小俞妈妈以为家里就要出一个钢琴家了，于是开始给女儿加量。本来每星期学习一个半小时钢琴，增加到了每星期五个小时。但这使小俞的热情骤减。在小俞想要放弃的时候，她的爸爸对她说了一番语重心长的话："宝贝，长大后，每个人都会有很多孤单的时候，如果那时我和妈妈都不在你身边，如果能有钢琴、音乐陪伴你，你就不会感觉到孤单了。要不要继续，你自己决定。"听了爸爸的话，小俞不但没有放弃钢琴，反而更加自觉练琴。之后，她的钢琴弹得越来越好，获得很多奖项。

> >> 2. 引导探索，赏识成功，让孩子体验成功的快乐。

及时有效的赏识激励，是一种无形的力量，能极大地激发孩子的热情和信心，是孩子自主学习、快乐学习的动力，能促使孩子好学乐学。

小杨曾是学校有名的调皮大王，不爱学习，同学们对他敬而远之。没想到这个大多数人都认为"丢了"的孩子，如今却是一家规模很大的企业的老板。这位昔日的"调皮大王"经常回母校看望老师，回忆当年的改变："当年就是老师的一句表扬，改变了我。因为成绩不好，老师同学都瞧不起我，父母也总是骂我不成器。就因为这样，我整天搞破坏希望引起别人重视，结果大家反而更加讨厌我。记得六年级运动会上，我比赛得了两个第一名，老师在班上表扬了我。那是我第一次得表扬，第一次发现自己是一个有用的人。慢慢地，我认识到自己也有很多长处，慢慢自信起来。”

3. 注意环境的布置。

家庭环境的布置同样具有激励作用。家长可以为孩子买一些名人名言海报或者画像，贴在写字台的墙面上，让孩子自勉。家长还可以与孩子一起挑选一些格言作为座右铭，贴在孩子的房间。

家长可以用摄像机拍下孩子平时的学习和生活场景，时不时播放给孩子看。拍下孩子在重要场合的经历，冲洗后挂在或摆放在家中显著位置。可以专门留出一个角落，张贴或陈列孩子曾经获得的荣誉证书或奖品。把孩子写过的作业本、考试卷、作文或其他有意义的物品分类装订成册。专门腾出一个柜子作为孩子的“博物馆”，让孩子看看自己是怎样一步一步长大的。

◆ 策略三：家校携手，共同减负。

1. 主动支持和配合学校的教育方针和管理方法。

作为家长，我们可以支持学校推行“五项管理”和“双减”。从作业、睡眠、手机、读物、体质管理，按照学校提出的要求执行。在学校的指导下，认真学习家庭教育促进法和“双减”政策的相关规定。在家庭生活中，家长们要以身作则，尽量不在孩子面前玩手机，切忌自身沉溺于手机和网络，给孩子树立一个良好的榜样。

2. 及时沟通、掌握方法。

家长要及时、主动和老师沟通，了解孩子的学习状态和能力水平，帮助孩子加强对自身的强项的学习，不断提升弱项，这对减轻孩子的学习负担、提高孩子的学习效率和学习成绩有很大的帮助。针对能力偏弱的孩子，家长可以寻求老师的支持，请老师对作业内容、时间和完成的形式、作业完成的过程、作业管理、作业评估等方面给予指导。注意帮助孩子总结归纳学习的方法，找到技巧和规律。

3. 与孩子共同制定规律的作息安排。

家长应尽可能保证孩子每天有10个小时的睡眠时间。尽量不能通过加班加点学习这种损害孩子身体健康的方法来提高学习成绩。孩子有了充足的睡眠，才能保证身体的正常发育，才能有充沛的精力和清醒的头脑。

4. 为孩子创造良好的阅读环境。

家长应该以身作则为孩子营造良好的阅读氛围，为孩子布置温馨的阅读场所，为孩子提供健康的能激发孩子兴趣的书籍，同时可以固定家庭阅读时间与孩子进行亲子共读。还可以通过学校读书节等有益的读书活动，和孩子共同进行读书心得记录，让阅读成为孩子的终身爱好。

5. 密切关注孩子的体质健康。

教育部继“双减”之后，提出“双增”，包括要求学校增加关于艺术、体育、音乐等方面的课程，让孩子能得到更多方面的发展，进一步丰富孩子的课余生活，达到素质培养的目的。家长应该配合学校做好每日运动打卡，引导孩子积极参加体育锻炼。鼓励孩子选择适合自己身体和年龄特点的运动项目。开展亲子体育锻炼活动，营造愉悦的家庭氛围。有条件的家庭，还可以送孩子参加运动类，最好是团体运动类的训练班，培养孩子的集体荣誉意识和团体合作意识。

“双减”工作是全面贯彻党的教育方针、落实立德树人为根本任务重要载体。作为“引路人”，老师、家长要努力提升家校共育的水平，在学校、家庭、社会的齐心协力下，共同促进孩子健康成长，为每一个孩子的幸福人生奠基。

小初衔接
——引导规划，帮助孩子迈向崭新的初中生活

六年级是从小学过渡到初中的一个非常重要的环节，孩子们也将从童年进入到青春期。孩子对即将来临的初中生活有着强烈的憧憬和渴望，同时也伴随着学习的压力。如何让孩子提前适应初中的学习生活，我们可以看看下面的案例。

案例分析

又是一年毕业季，为了做好小升初衔接工作，某学校采用了“云”游中学的形式，邀请某初中的老师“走进”小学校园，给孩子们上了一节特殊的“小升初衔接课”，用别样的方式让孩子们提前感受初中生活。

课程开始，初中老师通过视频的方式和同学们分享了校园美景、优秀的教师团队和精彩缤纷的校园活动，详细介绍了每一处景点蕴含的校园文化，让孩子们“云游”初中校园，激起孩子们对即将开始的初中生活的期待。

接下来的课程体验采用“空中课堂”的形式。数学老师通过“解方程”一课，对比了小学与初中学习方法的差别。语文老师给孩子们讲解了七年级语文课文《台阶》。历史和地理老师分别上了一节历史课和一节地理课。趣味盎然的课堂，让孩子们直观地感受初中课堂和小学课堂的不一样。

活动还安排了“教师答疑”的环节，初中教导处主任从初中学习的常规要求、学习方法、心理调适等方面和孩子们进行了细致的交流，心理老师做了“启动梦想，迎接新征程”的专题讲座。充分的交流，暖心的贴士，让即将毕业的孩子们不再迷茫，心中充满了无限的期待和美好

的憧憬。

当下，越来越多的中小学开始重视小升初衔接工作，“小升初”一直是六年级师生、家长关注的焦点。为帮助孩子顺利完成“小升初”的过渡，很多学校会组织案例中这样的“走进中学”活动，也会组织六年级孩子的家长参加中小衔接专题讲座、“小升初”心理讲座等活动，以帮助家长更好地指导自己的孩子调整心态，迎接“小升初”的到来。

1. 身临其境，帮助孩子提前熟悉新环境。

有条件的家长可以带孩子到目标中学走走，让孩子对初中校园环境有一个直观印象，减少对新环境的陌生感，从思想上做好进入初中的准备。由于大部分中学采取了封闭式管理，案例中的学校采用的“云”游初中校园的形式，也是一种能让孩子了解校园环境的好方法。

2. 走进课堂，帮助孩子提前了解课程的变化。

初中的课程增加至九门，分布在初中三年的不同年段，还要经历中考、会考，学业压力变大。家长可以带领孩子参加学校组织的公开课活动，让孩子对初中课程有直观体验，让六年级的孩子提前体验初中的学习节奏，能让孩子在心理上提前做好准备。

3. 解疑释惑，帮助孩子克服对未知生活的惧怕。

对于即将进入初中的孩子来说，离开小学，走进一个全新的环境，他们的心里或许有着不安与焦虑，帮助他们尽快摆脱疑虑的最好方法，就是为他们答疑解惑，告诉他们真实的初中学习情况。案例中的互动环节，是针对孩子的疑虑而专门设计的环节，既有事先准备的共性问题，也有现场解答的个性问题，帮助他们克服陌生感和畏惧感。

4. 心理疏导，帮助孩子打消内心的顾虑。

为孩子准备专业的心理辅导，能帮助孩子做好心理调适，从而减轻他们的紧张感和迷茫感。

5. 家校携手，协同育人，帮助孩子完成“小升初”的过渡。

面对“小升初”，心理焦虑的不仅是孩子，还有家长。很多学校为此还专门针对六年级毕业班召开专题家长会，邀请中学的老师现场和家长们交流，这不仅使家长对学校有了更全面的了解，而且使家长意识到家校要协同教育，共担教育孩子的重任。

到了六年级，孩子对即将到来的初中生活缺乏了解和规划，对自己的未来很茫然，要帮助孩子顺利从小学过渡到初中生活，这样的“衔接教育”不可或缺，有条件的学校和家庭可以尽量为孩子提供“前置体验”，缓解孩子的疑虑。

了解孩子

面临“小升初”的孩子，在心理上容易出现烦躁、紧张、迷茫、忐忑等情绪，还会出现自信心下降、挫败感强等问题，这些心理会直接影响孩子的成绩，对身体也会造成不良影响。

产生上述心理问题有多方面的原因，既有自身成长的因素，也有外部环境的影响，是“内因”和“外因”共同作用的结果。

一、面对升学的压力，比较敏感、脆弱。

六年级的孩子面对升学的压力，容易变得敏感、脆弱，容易产生困惑和躁动。他们对自身的认识也存在片面性：一方面，如果过分低估自己，会导致自信心降低，进而陷入自卑；另一方面，如果过分高估自己，又容易产生自负心理。

芳芳是正在读某小学六年级，父亲是医院主任医师，平时工作繁忙，很少和孩子交流。母亲是政府机关人员，对孩子要求很严格。很快芳芳就要小学毕业了，但是，在六年级上学期的期末考试中，由于考前生病、发烧，芳芳没取得全优的成绩，并失去了六年级参评市三好生的资格，她知道父母曾因此事指责对方不够细心照顾她的身体和学习。芳芳始终认为生病不能成为自己考不好的借口，还认为自己考不好是造成父母吵架的原因。所以她对考试产生了焦虑情绪，遇到难题就会心慌、急躁，甚至出现了肚子疼等生理反应，最后不得不求助心理医生，通过心理咨询缓解焦虑。

二、对环境的变化产生不安。

六年级的孩子正经历敏感的青春期，周围环境的变化容易影响他们的心理状况，课业压力增大，同学之间的竞争氛围变浓厚，种种情况让他们感到前所未有的压力和不安。

暖暖马上就要升上初中了，家里人希望她报考本市重点的大学附中，还给她报了“小升初”课外辅导班，但成绩和学习状况都不佳。事实上，妈妈在帮她报辅导班时，没有征求她的意见。而且爸爸还告诉她“如果去考附中没考上，到最后可能就没有地方读书了。”这导致暖暖错误认为，考不上附中就没有书读了，人生就没有希望了。她的压抑和不满逐渐演变成疑虑、抵触、叛逆等情绪。

三、对初中生活很茫然。

对于即将面临的初中生活，孩子们有很多期待，但同时也可能因为缺乏认识而对未来感到茫然和焦虑。

进入六年级下学期，小雪出现了严重的抑郁和焦虑情况，拒绝上学。从六年级下学期开始，小雪开始在网络上找朋友聊天，倾诉自己的迷茫之感，以便满足自己的情感需求。渐渐地，小雪对学习和学校产生了疏离的情绪。她对自我评价是“没有上进心，对未来毫无规划”。后来，通过心理咨询辅导，小雪逐渐拾起对学习的兴趣，对未来有了希望，并重返校园。

关于“小升初”的迷茫与焦虑，我们不妨先听听孩子的想法。

1. 初中的课业压力很大，我感到害怕。

马上就要毕业了，听说初中一共有九门课，物理、化学在小学的科学课接触过，但是历史、地理以前从来没有接触过，这些课难不难？我能学好吗？而且听说初中还有晚自习，有写不完的作业，每天要六点半到学校跑步，听着就好可怕，我真的不想上初中。

2. 我想早点适应初中生活，我相信我能行。

我的爸爸是初中老师，我就住在中学里，很多课本我早就看过了，想到马上就要毕业升上初中了，我觉得特别兴奋，我希望有一个新的开始，我相信我能行。

3. 我对未来没有规划，怎么办？

虽然马上就要上初中了，但是我还是稀里糊涂的，一点准备也没有。初中和小学有什么不一样，我不太清楚；未来是什么样子的，我很茫然。

“小升初”涉及孩子今后的学业发展和个人规划，对于家长和孩子都是一次挑战。并不是每一个孩子都充满焦虑，他们当中也有相当一部分人抱着美好的憧憬与期待，我们不能把成人的焦虑强加给孩子，要根据孩子的心态，调整我们的策略。

实施指南

中学和小学相比具有学科多、难度大、学习速度快等特点。孩子要想及时适应这种变化，就必须要养成自主预习、专心听讲、认真完成作业、及时复习和整理错题的学习习惯。家长更应着手培养孩子学习的计划性、耐性与自主性，同时，为孩子提供一个良好的学习环境。

◆ 策略一：总结学习方法，激活学习潜能。

著名教育家叶圣陶说："培育能力的事必须继续不断地去做，又必须随时改善学习方法，提高学习效率，才会成功。""小升初"前的这个暑假是培养良好的学习法和习惯转变的关键时间节点，孩子需要放松，但不能完全与学习脱钩，可以在暑假进行适当的练习，保持学习的感觉。

> >> 1. 被动变主动。

孩子由小学升到初中，在课程标准、教材内容、知识难度、学习要求、能力要求等各个方面都面临着很大的变化。到初中后，孩子需要有科学的学习方法，学会温故知新，从"捧着学"转为"自主学"，变被动学习为主动学习，培养独立学习的能力。

> >> 2. 充分利用工具书。

古人云："工欲善其事，必先利其器。"在学习中，工具书就是孩子的"利器"。会使用工具书主要是指有迅速、准确地从字典、词典中查出生字词的能力，还要有联系上下文语言环境选择恰当的义项解释词语的能力。特别是像《现代汉语词典》这样较厚的工具书，孩子可以练习速查的能力。

> >> 3. 养成预习的习惯。

进入初中，孩子要每天按课程表做好预习，养成主动、自觉学习的习惯。在完成当天的作业以后，一定要安排时间认真预习第二天学习的内容。“小升初”这个暑期，孩子们可以提前接触一下初中课本，了解学习的范围，还可以将自己不懂的，或者觉得有趣的标出来。

4. 养成做笔记的习惯。

初中阶段的学习，需要孩子边听、边看、边想、边记。听课时，要学会自己概括、总结，知道哪些应该批注在书上，哪些应该记在笔记本上。听课时不放过任何环节，如果遇到没听懂的，做好标记，下课再问同学或老师。记笔记的好处在于，整理课堂思路，同时以备日后当作资料进行复习。

5. 养成科学写作业的习惯。

做作业之前，家长可以提醒孩子先认真想一想白天老师授课的内容，有什么要注意的问题等，梳理所学的知识，特别是一些重要的公式、范文、知识点，然后再开始做作业。

6. 准备错题本。

家长可以给孩子一个专用的错题本，孩子每次作业或考试出现的错误，就让孩子在这个专用的本子记录下错题，按正确的方法重做一遍，分析出错的原因。过一段时间，家长再提醒孩子整理错题，将错误的类型汇总，看一看哪类题错得最多，哪种错误最为常见。这样家长可以对孩子的学习状况有了解，能做到对孩子的指导有的放矢。

7. 学会做读书笔记。

孩子掌握阅读步骤和方法后，家长可以指导孩子学会做读书笔记，包括：记下书名、作者；摘录生字、新词及佳句；记录主要人物和主要内容；写读后感。家长可以与孩子一起阅读一篇文章，找出文章的中心思想，之后逐渐让孩子独立完成。对孩子的阅读内容，不必限制太死，让孩子凭兴趣自己选择，家长可以进行推荐。

◆ 策略二：合理分配时间，全面发展素养。

升入初中后，孩子的时间越来越珍贵，除了从小学的三门主科增加到九门主科，艺术、体育的分值比重也越来越高，需要对孩子的综合素养提高做好规划，不能仅仅埋头苦读，要教会孩子合理分配时间。

>>> 1. 教会孩子用“交替学习法”减少学习的枯燥感。

在日常作业中，家长可以引导孩子给每个学科分配固定的学习时间，时间到了就稍作休息或者交替做其他的作业，中间可以穿插体育运动，放松休息，减少疲劳感。

>>> 2. 注重体育锻炼。

家长可以帮助孩子调整作息时间，养成良好的生活习惯。多带孩子一起运动，让孩子学会劳逸结合，提高身体素质，保证身体健康。

>>> 3. 提升孩子的艺术素养和理解能力。

家长可以有计划地带孩子参加本地的音乐会或者画展，创造机会让孩子亲近艺术，提升审美能力和水平。阅读方面，可以根据孩子的性格，找一些适合他，跟他个性相贴近、相契合的书，提高孩子阅读的兴趣，还可以有意识地推荐孩子阅读不同种类的书籍，扩大孩子的视野，提升孩子的阅读理解能力。

◆ 策略三：主动了解学校，坚持“未雨绸缪”。

“小升初”的担忧本质上是家长担心自己的孩子会上什么样的初中，那么好的初中究竟有哪些方面需要家长提前了解呢？那些想要择校的家长，究竟该选择什么样的初中呢？

>>> 1. 了解学校管理。

学校管理是孩子健康成长、快乐学习的重要因素，学校管理的好坏，体现在细节。家长可以选择初中的开放日，到目标学校看看初中教室的布置，看看校园环境如何。好的学校总是更加重视管理工作，为孩子营造良好的学习生活氛围，让孩子乐在其中。

›› 2. 了解校风学风。

校风与学风是无形的，却又是有形的。拥有良好的校风和学风的学校，教师必然是和蔼可亲、彬彬有礼；孩子必然是阳光大方，举止文明的。家长可以通过在校园开放日参观学校，或浏览学校的官网和微信公众号，了解学校的办学理念，以及校风学风。

›› 3. 了解未来发展。

除了了解上述情况，家长还可以了解目标初中的升学状况，就读这所学校的孩子中考总体水平如何，最终可以去到什么学校，根据这些情况帮助自己孩子规划初中三年的学习。

每个孩子因为生活环境和学习观念的不同，以及面对压力的自我消解与承受能力的不同，会在成长过程中呈现出不同难点与困惑，家长要尽可能创设情境，换位思考，理解孩子的困难，用陪伴与接纳，帮助孩子学会自己面对问题、解决问题，让孩子不断成长。

延伸拓展

一、阅读推荐

›› 1.《家校协同育人家长用书——教子良方（小学）》[组编：京师博仁（北京）教育科技中心；出版单位：高等教育出版社]。

理由及建议：该书为家长提供科学有效的育儿策略，更加注重阐明如何与学校协同育人，内容包括入学适应、习惯养成、自主管理、能力培养、学会学习、亲子沟通、家庭教育、正确交友、榜样教育、自我发展、心理健康、小升初早准备等方面的内容。通过阅读该书，家长可以了解学习如何更加有效促进与孩子之间相知、相融、相长，使家庭教育指导更加具有科学性、针对性和实效性。

> >> 2.《拒绝诱惑——青少年如何抵制不良嗜好》（编著：黄苏涛；出版单位：中国商业出版社）。

理由及建议：该书主要从抽烟、嗜酒、吸毒三个对于青少年来说最为致命的不良诱惑进行了深入的剖析，建议家长可以和孩子一起有针对性地阅读，也可以先自己了解其中的论述，再向孩子转述。该书意在为陷入不良嗜好的青少年们打开一扇窗，让他们重新看到光明与希望，同时也对广大青少年敲响警钟。

> >> 3.《5～6年级，陪孩子走过小升初关键期》（编著：木紫；出版单位：中国妇女出版社）。

理由及建议：该书从五、六年级孩子身、心、智的特点着手，向家长介绍了此阶段孩子的学习习惯、学习方法，以及“小升初”前的各项准备。该书注重方法指导，关注孩子的心理世界，案例丰富，深入浅出，说理透彻，实用性强，尤其是体现家校联合教育思想，提高学习成绩与人格培养并重。家长在阅读时最好能从头开始仔细阅读，循序渐进，并在碰到自己孩子可能出现的问题时，适当做笔记。

二、视频推荐

> >> 电视剧《小舍得》

理由及建议：这是一部现实题材剧，讲述“小升初”阶段亲子之间发生的故事。该剧围绕多个家庭展开，直戳“小升初”阶段家庭的痛点，呈现了父母为何走向“鸡娃”，又如何放弃“鸡娃”的过程。儿女们即将从小学升入初中，每个家庭都在面临种种变化，亲子关系也在不断沟通与选择中得到新的发展，让父母与孩子共同成长。每一个面临孩子小升初的家长，或许都能从剧中找到自己想要的答案。

评估改进

一、自我评估

抵制诱惑、减负提升、小初衔接，都是六年级不得不直面的关键问题，家长如何才能更加有效地帮助孩子拥有积极心态、减轻过重的学习负担、从小学轻装过渡到初中？以下问题旨在评估家长的家庭教育的情况，请您根据实际情况进行选择。

	是	否
① 您是否经常教育孩子要树立人生的目标？	□	□
② 您是否能在孩子陷入诱惑时及时指出并且帮助孩子走出诱惑？	□	□
③ 您是否和孩子一起制定了手机使用约定？	□	□
④ 您是否掌握健康上网的基本知识，能辨别哪些网页信息不适合孩子浏览？	□	□
⑤ 您是否安装了屏蔽不良信息的相关软件？	□	□
⑥ 您是否留意学校曾经发布过的抵制不良诱惑的倡议书或者通知？	□	□
⑦ 您认为是否有必要与学校老师通力合作纠正孩子的不良习惯？	□	□
⑧ 您是否能根据孩子的学习情况布置孩子的学习环境？	□	□
⑨ 您是否会指导孩子制订学习计划？	□	□
⑩ 您是否搜集过帮助孩子锻炼专注力的方式？	□	□
⑪ 您是否会指导孩子复习当天所学的内容？	□	□
⑫ 您是否指导孩子学会自己预习下一阶段的学习内容？	□	□

	是	否
⑬ 您是否指导孩子学会不同学科交叉写作业以减少疲劳感?	□	□
⑭ 您是否和老师沟通过作业内容、形式等?	□	□
⑮ 您是否了解您所在地区的“小升初”招生政策,并知道孩子即将进入哪所中学?	□	□
⑯ 您是否愿意抽空带孩子到新学校参观?	□	□
⑰ 您是否愿意主动了解地段内初中的管理、校风等详细情况?	□	□
⑱ 您是否和孩子谈过关于初中的学习环境、方式发生变化的应对问题?	□	□
⑲ 您是否参加过学校组织的“小升初”专题家长会?	□	□
⑳ 您是否关注过孩子的心理状况,了解孩子目前对未来的想法?	□	□

【评估参考】

如果您选择“是”比较多,说明您是对孩子的成长比较重视的父母,关心孩子的学习和生活,为孩子的“小升初”做了很多准备,请继续保持这样的教育状态。

如果您选择“否”比较多,说明您较少关注孩子各方面的情况,您需要多关注孩子学习、生活等方面的问题,多陪伴孩子,多帮助孩子,相信您的努力能有成效,和孩子共同成长。

二、改进计划

亲爱的家长,您好!阅读本专题后,您应该对加强家校合作,共同为孩子的未来赋能有了更深入的了解。下面请您结合实际情况,写出自己的改进计划,并逐项完成。